一滴长河水

王永东 —— 著

文匯出版社

目 录

第 一 章	歌声里的小山村	1
第 二 章	晨钟暮鼓	29
第 三 章	谁也少不了的	57
第 四 章	读懂诗里的故事	85
第 五 章	记住陪你喝酒的人	113
第 六 章	远方的追逐	137
第 七 章	扛得住冲击	165
第 八 章	生活如此多情	185
第 九 章	古怪的想法	215
第 十 章	谁是谁的榜样	241
第十一章	不懂生活的真谛	259

第一章

歌声里的小山村

  每个人的记忆深处,总有抹不去的美好和感动。故乡的一草一木对于我们来说都是那么亲切,那里有我们留在青山和绿水间的欢乐,那里有我们成长的点滴,那里有刻在我们骨子里的故事。

油炒饭

20世纪六七十年代,中国大部分的农村还很落后、贫穷,楼上楼下和电灯电话是大部分中国人的梦想。

我是土生土长的农村娃,自小就有着和别人不同的成长方式。家里孩子多,缺乏劳动力,再加上父母亲的运气不好,导致家庭常年缺吃少穿。等到我上小学时,学杂费都供应不起,好在当时小学还可以申请免费上学。虽说学杂费问题解决了,但由于我的家境过于贫寒,家里的油盐酱醋也时常缺钱购买,一个月基本上吃不上一顿干饭,稀饭通常是"锅里照见人,碗里照见魂"。至于吃肉,那只能在过年的时候吃上一块。打上小学起,我便学会了抓黄鳝、扒泥鳅、卡老鳖的本领,节假日、周末或者平时有空闲的时候,我便出去抓些黄鳝、泥鳅、老鳖之类的去集镇上换些钱回来贴补家用,再有多余的泥鳅和黄鳝,便拿来改善我们的生活。有了这项特殊的技能,童年及少年时代的日子,我还算过得幸福快乐。

我虽然是家中唯一的男孩子,但从未受到过特殊的照顾,反而家里孩子中挨打最多的就是我了。挨打的主要原因还是过于顽皮、桀骜不驯。虽然在家里被管教得比较多,但因为生就这样的性格,在那个特殊的年代倒也得以免受同龄人欺负。

每年的农历三四月是家里最难熬的日子,青黄不接愁坏了穷人家的家长,虽然有抓来的泥鳅、黄鳝等换钱贴补家用,但那也只是贴补而已,杯水车薪,难以维持生计,我父母只好东家借粮西家借米的来熬过春荒。油盐酱醋中的油是最金贵的,当时村子里条件好的人家一年也只有十几斤的菜籽油可以吃,像我们家这样的,一年能有个四五斤油来吃就很好了,更别说有一碗油炒饭吃了。因此,在上小学之初,我就时常做着一个梦,梦里的我端着一个大碗,里面油光光亮晶晶的大米饭堆得冒了尖,我头也不抬地狼吞虎咽……这个贪婪的梦想在心里一直埋藏着,直到有一天,它终于从我心里跑出来,变成了事实。

那是上小学二年级那年农历六月的一天,天气已经十分炎热,太阳似乎要把人晒出油来。我父亲领着我一路向乡里另外一个大队的大队部走去。伴着滴滴答答的汗珠走了三四里地后,我们终于来到了一处大院。穿过两幢平房走到了院落最里面的平房内,一股香气和热气扑面而来。我看到三个人正在一口大锅里不断翻炒着油菜籽,还有两个人不断把炒好的油菜籽装入一旁的木榨中。大约过了半个小时,木榨中装满了油菜籽,父亲便和另外两位叔叔一起推动着木榨柱向木榨压盖撞去,一声声沉闷的巨响从小屋内向外荡漾开来,木榨内的小孔汩汩流出了芳香的菜籽油。人们一边大声地谈论着菜籽油的产量,一边用力地忙着各自的活儿,屋子里充满了欢声笑语。榨了二榨油后,已近中午一点,大人们开始做饭了。中午饭也很简单,做油炒饭。米是大队提供的,油取榨里的残油,将大米淘好后放进一口大铁锅里,盖上锅盖,锅灶底架上木柴,大火烧煮。等到锅里的水烧开了,先用锅勺子舀些米汤出来,再盖上锅盖,用小火焖煮,直至闻到锅巴的香味和微微的焦味,便将米饭连同锅巴一起盛到一个大铁盆里。将锅洗干净后,再往锅内倒入一碗油(半斤左右），待油六分热时，将铁盆内的米饭全部倒入锅中，放上适量的食盐，用一个大锅铲使劲来回翻炒，等米饭粒基本均匀散开，再炒一分钟左右，热气腾腾的油炒饭便大功告成了。

由于是给集体干活，大队里免费提供中饭，五大三粗的汉子便每人拿起一个大碗来盛米饭。第一碗每个人都是盛得冒了尖的，我也学着大人的样子拿起一个大碗，盛了满满一大碗饭，端着碗坐到房屋的门槛上低着头大口大口地吃起来。过了十几分钟，这一大碗油炒饭居然被我吃了个精光。摸着圆圆的肚子，哑巴着留有余香的嘴唇，我将碗放到锅台上，顺眼瞅了一下那口大锅，发现一锅饭早已被大人们吃了个底朝天。午饭后，大人们休息了一会儿便又准备继续干活了，父亲对我说他们要干到吃晚饭时间才回去，让我一个人先回家。父亲问我是否记得来时的路，我说记得，便一个人朝着家里走去，一路上还在自顾自地回味着那碗油炒饭的味道。

小学四年级的时候，在父母亲的辛勤劳作下，家里的口粮渐渐不用到处借了，那一年家里还养了两头大肥猪。正当全家人沉浸在丰收的喜悦中时，大妹突然患上了骨髓炎，高烧42摄氏度。父母亲急急忙忙把大妹送往县医院抢救，好在上天悯人，大妹被抢救了回来，但家里不得不卖掉两头肥猪来缴纳大妹的医疗费用。父母亲陪伴大妹住院的时日，地里的花生和红薯无人收。在大姐的鼓励下，我和大姐费了好大的力气才把自留地里的花生和红薯都收了回来。本想等父母亲回来好好表扬我们一番，但由于我们小，没能把花生完全收摘干净，还有不少烂在了地里。看着地里到处是花生冒出的嫩芽，父亲把我和姐姐痛骂了一顿，姐姐还委屈地哭了一场。

待到我上初一的时候,家里的境况终于有了好转。由于上初中要进行集体早读,每天七点半我就得赶到学校。从家里走到学校要花二十多分钟,早上七点钟之前我必须吃好早饭出门。我们家乡的早饭都是稀饭,一直到现在仍旧如此。或许是父母照顾我长身体,或许是父母望子成龙,每个星期总有两个早上,母亲煮稀饭时,总是在水开后米粒未完全炸开之前,用漏勺捞起一碗半生不熟的米饭,打开大锅旁边的小锅锅盖,在小锅里放上两小勺菜籽油,把米饭倒入小锅中翻炒至八成熟后,再往锅里放上小半碗水及一小勺盐,待水焖干后再将米饭翻炒至干,一碗经过特殊技艺烹制的油炒饭也就完成了。吃着香糯可口的油炒饭,我的心里美滋滋的,上学走路都会连蹦带跳。

或许是油炒饭的营养起了作用,我的身体发育较好,比村庄里一般同龄的孩子长得高一些。天性好玩的我在上小学和初中的时候给父母亲惹了不少麻烦,时常把别人家的孩子打得鼻青脸肿。别人家孩子的父母总是带着孩子跑到我家来告状,父母亲不得不常常向别人道歉,父亲有时拿起棍子就追着我打,每每这个时候,我跑得比兔子还快,"好汉不吃眼前亏"的古训早已在我的脑子里生根发芽了。

父母都十分疼爱自己的孩子,父亲对我管教严厉,却又带有几分温柔。由于我身手灵巧,时常帮别人家里安装电视机天线。那时候,农村有钱人家的电视机天线都要装到很高的树上,我便经常爬到十几米高的树梢上,帮他们把天线固定在树梢枝丫上。每每父亲看到这一幕时,他就拿着一根很长的晒衣竹竿来捅我,但总是捅不到我，我便嬉皮笑脸地和父亲商量，如果不打我我就从树上下来，父亲只好点头表示同意。

尽管我十分顽劣和调皮，但我的学习成绩不错，时常受到老师的表扬，对此，父母亲就特别开心。上初三的时候，我学完了初中物理课程，对电学有了基本的了解。正好这段时期农村开始接通电力线路，为了节省开支，我自告奋勇承担了家里的照明线路架设工作。隔壁邻居家看到我会架设照明线路，纷纷请我去帮忙，我也算是学以致用，为此还常常收到邻居家赠送的鸡蛋。

岁月流逝，但许多记忆早已刻在了心里。现在，我也时常给家人炒上一碗油炒饭。这种炒饭的技艺似乎是与生俱来的，一切都是那么自然，那么娴熟。这油炒饭里，始终有一股特殊的味道，那是家乡的味道。

近几年，我对家乡的思念越来越浓。每次回到那片土地，我总会在到家的次日清晨给母亲和我炒一份放了两个鸡蛋的油炒饭，母亲总是要吃满满一碗。看到母亲开心的笑容，我的心里也充满了甜蜜。

一群熊孩子

20世纪70年代初，我们这群生活在山清水秀的小村庄里的孩子们，最高兴的事莫过于聚在一起商量玩哪些游戏，去哪个村庄弄些蔬菜瓜果之类的东西来解解馋，满足身体生长的需求。夏季来临，是我们这些熊孩子最开心的时候了。

夏日炎炎，南方正是农业"双抢"的时候。劳碌了一上午的大人们总要在中午时稍事休息，一来避开烈日的炙烤，二来也恢复一下体力。熊孩子们则趁着大人午休的时候，偷偷溜出家门，三五成群地来到池塘或水库里，洗澡、游泳、捉鱼摸虾，乐此不疲，似乎从来不知道疲倦，直到下午三点钟也不愿意离开那片水体。有些大人生怕自己家的孩子被水淹着，就经常来撵孩子回家。大多数孩子都很听话，乖乖跟着家长回去了，但总有一些不听话的孩子，无论家长怎么劝说都不肯回去，于是有些家长一生气，便将孩子们藏在周围草丛里和树林里的衣服一股脑地全部收走。孩子们只好想尽各种办法在天快黑时赶回家里，有的找些稻草、水草之类的编在一起将下身包裹起来匆匆跑回家，有的甚至趁着天色暗淡下来直接光着身子回家，好事者便将这些事情传开来，于是村子里便多了几份笑谈。

物资贫乏年代的农村，文化似乎更加贫乏。在我们村里，大部分孩子只能通过读小人书来了解中外经典故事。熊孩子们的课外时间大部分花在玩耍上，剩下的都花在如何整点吃的方面了。最常见的就是偷桃子、偷菜瓜、偷花生吃，有时也会捉点鱼虾之类的烤着吃，或者找些野蒜和蚕豆之类的烤着吃。熊孩子们整吃的招数有很多。比如，偷桃子一般都在下午两三点钟，这时候大人们都在田里干活，大家便派灵活一点跑得快的小孩去摘桃子，派观察能力和报信能力都很强的小孩去放哨。偷瓜一般都在晚上吃过晚饭后进行，捉鱼则一般是在白天。烤鱼吃是一件非常有意思的事情，在一侧临坡的地上挖一个长条状的小坑，坑的开口位于坡坎上，将鱼直接用树枝串好横架在土坑上，找些松树果子及松针之类的柴火放在土坑里点燃，不断地添加柴火，直至鱼儿被烤熟，再将从家里偷偷带出来的盐撒在鱼儿身上，再烤个两分钟左右就可以吃了。鱼儿抓得多的时候大家就分着吃，鱼儿抓得少的时候常会出现争抢的局面，甚至有一次，比我大几个月的堂兄二哥直接把鱼肚子里的东西都抢着吃下去了，堂兄二哥抢鱼杂吃的故事也就很快流传开来。

每年过年前的几天也是熊孩子们的开心时刻。生产队里的鱼塘和水库总是在腊月底被抽干，大人们将鱼捉走分掉后，熊孩子们便一窝蜂地走进鱼塘。尽管是寒冬腊月，熊孩子们依然活力四射，大家挽起裤管，踩在深深的淤泥中，竭尽全力地摸着各个小泥水坑里大人们抓漏下的鱼儿。次日早晨，熊孩子们又冒着严寒早早地来到水库里，靠自己的双脚去踩那藏在泥底的老鳖。踩泥里的老鳖绝对是一门技术活，全村只有我们四五个小孩会。到达水库的时候，首先要睁大眼睛仔细观察老鳖头天晚上爬行的脚印，然后顺着脚印找到老鳖停止爬行的地方，再用脚去探摸，脚踩到老鳖后不能松动，用手顺着脚底从老鳖的肚子下面用两个手指头卡住老鳖的两个后腿窝，将它从泥里抓出来，放进篓子里。无论是抓到鱼还是踩到老鳖，对熊孩子们来说无疑都是件极快乐的事情。

武斗之风很快蔓延到偏远的农村。孩子们也学会了这股流氓作风，每个村子里总有几个孩子头，尤其在我刚上小学的时候，打架斗殴及所谓"劫富济贫"的事情层出不穷。我的小学一二年级都是在隔壁生产队的仓库里度过的,每次上学放学都得穿过一片田冲,跨过一条小河,翻过一座山岗。青山绿水的原生态美景在当时似乎并不引起孩子们的注意。我们一个村庄同上这所小学的有七八人,年龄大的孩子与年龄小的要相差五岁,年龄大的自然便成了我们的老大。这群孩子里有一条不成文的规矩,那就是时不时要上交一些财物给老大,以求得老大的照顾。上交的东西可以是煮熟的鸡蛋和鸭蛋,也可以是用来写字的纸张。我家里反正一穷二白,自然也没有可以上交给老大的东西,其他家里条件好点的孩子则须时常上交东西,一旦没有及时"上贡",便会遭到老大的惩罚。老大有时会把用不完的纸张接济一些给我,这样浑浑噩噩的行为在孩子们的眼里并无好坏之分。

夏季来临的时候,放学路上,老大经常带着我们一起到路过的那条小河里游泳抓鱼。游泳抓鱼的时候衣服是绝对不会穿的,因为我们害怕衣服无法及时晾干,回家后会被大人发觉而受罚。记得有一次,老大正带着我们光着屁股抓鱼,班主任老师突然出现了。堂兄二哥正忙着在小桥下用泥巴堵住上游的来水,班主任老师顺手折下松树枝戳了一下二哥的屁股,二哥头也不抬地问是哪一个,老师没有吱声,又用松枝戳了一下二哥的屁股,二哥还是低着头,讲若再不说我就要骂了。老师似乎有意在逗二哥,用松枝又狠狠地戳了一下二哥的屁股,二哥这下可真急了,大声骂了一句,抬头一看是班主任老师,吓得扔掉手中的泥巴,一边大喊"老师来啦",一边急忙跑得老远。老大及一群人正在下游忙着捉鱼,一听老师来了,一群人跟炸开了锅似的四处奔逃。老大来不及奔逃,便让一个小孩按住他的身体，他屏住呼吸扎猛子沉到水底，谁知水不深，一个没按住，老大的屁股哗地一下冒出了水面，引起熊孩子们一阵大笑。次日，熊孩子们回到学校，自然免不了被老师责罚，可怜的老大脖子上挂了约十斤重的铁犁头，在前排课桌上跪了半个多小时。

小学二年级的时候，我们村庄和隔壁村庄的孩子们不知为什么大干了一仗，平时玩的弹弓、自制抛石夹等全部派上用场。一场战斗下来，自然少不了有些孩子受伤，但没有一个孩子喊痛，回家的时候也没有人告诉父母。

孩子们的顽劣和捣蛋有时令老师和家长十分头痛。在交通运输不发达的年代，农村基本建设所需的建材都是通过人力挑担或者板车推拉来运输的，大人们要从很远的山上的采石场将石头用板车拉到建设场地。夏季中午的时候，拉车的大人们回家休息，就将板车停在坡顶的路旁。有些熊孩子在中午上学的时候就学着大人的模样，人坐在板车的一个车把上，一只脚不停地蹬地，将装满石头的板车顺溜到坡下。这是一件极其危险的事情，大人们就到学校来告状，这些熊孩子们都免不了被老师一顿惩罚。老师惩罚熊孩子们的招数有很多，有竹片抽打法、独脚站立石头法、面对面捆绑站立法、戒尺打手心法、脖子挂犁头法等。凡是经历过这些惩罚的，那可谓真正的熊孩子。

熊孩子们并不总是调皮捣蛋，他们有时也会做些善良友好的事情。比如上学路上，帮助上坡困难的拉车人把车推上坡，帮助村里的孤寡老人把水从池塘提到家里。熊孩子们的心地其实是非常善良的，干些不着边际的事情只不过是缺乏安全意识。每个熊孩子从小就得帮家里做些力所能及的事情。夏季，大人们都在田间辛苦地劳作，熊孩子们就烧好开水送到田间地头，勤快一点的孩子还会在下午放学后烧好晚饭，等待大人们归来一起品尝。每当这个时候，大人们总是一脸笑意地表扬熊孩子们一番，那种特别的表扬语气和神情令熊孩子们害羞而高兴，他们会带着一份自豪愉快地跑开。

"养不教，父之过。教不严，师之惰。"在父母和老师的严厉管教下，一班熊孩子渐渐长大，无知无畏的童年就在这荒诞而又充满乐趣的故事里悄然飘过。

花花草草

春季来临的时候，山村的原野变得格外清新，柳枝泛起了鹅黄的嫩芽，小草开始露出绿尖，无名的野花也随着春的脚步开放在田埂边、道路旁、半山腰。这个季节让人无限欣赏的恐怕要算油菜花和红花草了，山上的映山红也不失时机地献媚一把。

金色的阳光洒在油菜花上，满眼的金黄让人陶醉。孩子们时常从油菜花田间穿过，低头闻一闻，香气沁人心脾，微闭双眼，深深地吸上一口气，灵魂仿佛变得轻柔而欢乐。油菜花开的时节，也是土蜂最忙碌的季节。孩子们最开心的是到田里采几朵油菜花，放进一个玻璃瓶里，再将瓶口对着土墙上的蜂洞，用根细枝条将土蜂从墙洞里拨拉进玻璃瓶里，盖上带孔的瓶塞，看着土蜂在玻璃瓶内的油菜花上爬来爬去，心里充满了成就感，喜悦写满了整个脸庞，仿佛土蜂在玻璃瓶里生产出了一瓶芳香的蜂蜜。

油菜花开得艳丽芬芳的时候，红花草也不甘示弱地以它的茂盛来博人眼球。有着微红的细茎、翠绿的小圆叶和淡淡小红花的红花草装点着原野，就像梦里的童话世界，美好安详。春天的雨水特别多，池塘里、水库里、河渠里、田野里，时常一片汪洋。孩子们放学回来时总是追追打打、嘻嘻哈哈地从红花草田里穿过，看着被水和红花草洗得锃亮的胶靴，心头乐开了花。发洪水的时候，孩子们便在红花草田里去捉顺水而下或是正在小水沟里迎水而上的鱼儿，也常常比赛看谁抓的鱼多，抓不到多少鱼的小伙伴们总是羡慕那些鱼抓得多的同伴。及至农历三月末，再美的红花草都会被父老乡亲用犁把它们翻过来，红花草便和泥土混在一起，把自己的养分都献给了这片土地。

映山红在清明节前后竞相开放，高大的松树随风而舞，山坡上矮小的灌木丛里，映山红时不时地闪动着笑脸，为寂寞的山林带来一片生机。扫墓及踏青的少年在离开的时候都会摘一把映山红带走，一来舍不得映山红的美丽，二来眷恋那青青的山岗。我也时常摘些含苞待放的映山红，插在一个大大的玻璃瓶里，再装上一些水，三五天后，瓶里的映山红便开得十分娇艳了，给我带来一份喜悦，一份温情。

山坡上、河沟边，在这个春天里也长出许多草儿，孩子们便去摘些茅草尖儿、挖些鸡梗儿来吃，草尖的清香以及鸡梗儿的脆甜在口腔里回味，给孩子们带来了无限的满足。到了春末，这些草儿便长得十分茂盛了。竹子、柳树也在这个季节里快速生长,制作简易的竹笛和柳笛成了孩子们的乐事。制作竹笛时,用小刀将竹子的枝丫截下一节,再用小刀将截下的竹节在距离竹节一头六七毫米的位置及竹节中部的位置刻上印痕,将印痕中间的竹子表皮用刀剥去,再用小刀从竹节头部刻过印痕的地方斜插进去,往前直接切出一道四厘米左右的长口,在长口的上面用小刀不断刮削,然后放到嘴里吹一吹。如果不能发出声响,则继续刮削,直至能够吹响。若想吹出美妙的音符,还需在竹节的另外一端挖上几个小孔,在吹竹笛的时候,用手指不停地变换按压。柳笛的制作相对较为简单:截取一节柳枝,摘除上面的柳叶,再用两只手正反用力旋转一下,将柳枝上的树皮轻轻从一头抹下,再截取中间一段较为完好的部分,放在嘴里就可以吹响了。

在当时的农村,耕牛是非常重要的,人们全年的粮食生产都得依靠耕牛,犁地、耙地、打场等都由耕牛来完成。春夏季节,漫山遍野的鲜草是耕牛最喜爱的食料。周末,孩子们便牵着耕牛到山坡上和沟渠边去放养,牛儿吃草的时候,孩子们便骑到牛背上,悠闲地吹着竹笛,整个原野充满了放牧的欢乐。这个季节里,打猪草也是孩子们常常要做的事情,放学回来后背上一个大竹筐,到水草丰茂的沟渠里割些水草回来,用刀剁碎,再拌上一些米糠,便成了猪儿最爱吃的食物。

春天是万物生长的季节。每年这个时候,大人们便拿出一些鸡蛋让母鸡来孵。经过母鸡二十一天左右的悉心孵化,小鸡们依次啄破蛋壳,从鸡蛋壳里一点一点地拱出来,伴随着叽叽喳喳的叫声,淡淡的黄色在院子里走来走去，煞是好看。给小鸡找小鸡米吃的任务自然就落在孩子们身上。小鸡米是南方一种长在田地里的小草，穗上长满了一粒粒细如菠菜籽的小米粒，这种小米粒非常柔软，将这种小草摘回来，扔到地上，小鸡们便呼啦一下围在一起，用它们细嫩的小嘴不停地啄食小鸡米。看着小鸡们在自己的照料下不断长大，孩子们脸上露出了难以隐藏的笑容。

柳絮飘飞给城里人带来满城飞花的感觉，细长柔软的柳条却给孩子们带来了另一种愉悦。孩子们常把柳条摘下来编成帽子，戴着亲手编织的柳帽走在乡村的田野里，去田间地头找些荠菜、马兰头、野苋菜、蕨菜、油麦菜、水芹菜等，回到家里经过一番烹饪便成了美味佳肴，别提有多开心了。槐树花在这个季节里也尽显风采，白色的小花朵开满枝头，微风拂过，一阵清香扑面而来。看着如此婀娜多姿的槐树花，人们都忍不住将其摘下，放在嘴里咀嚼，一种清甜化开了苦涩的味蕾。将其洗净后与米粉拌在一起，做成一个个米粑，那种香甜可口的感觉叫人难以忘怀。

端午前后，麦子和油菜都渐渐成熟。孩子们便剪下一些麦穗，将麦子放到晒场上去晒，而将麦秸秆整整齐齐地收好，扎成一小束一小束，待阴干后，将麦秸秆编成一条条辫子形状的麦秸带，再请人用缝纫机将这些辫子形状的麦秸带做成一顶顶草帽，到夏天农忙的时候就可以用来遮挡强烈的阳光了。有时也用麦秸做些扇子在夏日里驱赶蚊虫，扇风纳凉。

伟大的科学家从蒿子中提取了青蒿素，帮助病人治好了疟疾；而伟大的父母们却用蒿子与米粉一起做成了人见人爱、香脆怡人的蒿子粑，给我们这些幸福的孩子们带来了终生难忘的美味。蒿子还有一种重要的作用，在麦子成熟的季节，人们将麦子煮熟后，放在一只直径约二米的竹编大圆盘里，上面再盖上蒿子草，一段时间后麦子渐渐发酵，再将发酵好的麦子在太阳底下曝晒一些时日，一大坛可口的麦酱就做成了。

岁月挡不住青春的脚步，田野里蒿子依旧在默默地生长⋯⋯

大自然的奉献让我们看到了世界的多姿多彩，也让我们尝到了人间的甜蜜芬芳，有花有草的原野美丽而温柔，天空中的布谷鸟声脆高昂。

山不高水不长

"从岱鳌山发脉，到菜籽湖收科。"家乡的文化源远流长。

枞阳历史悠久，早在夏商两朝，属于古扬州之城，殷商灭亡后，为"群舒之国"的"宗子国"。春秋战国时期，枞阳因地处"淮右襟喉，江南唇齿"，成为楚、吴"不可以缓图"的争夺对象。西汉元封五年（公元前106年），汉武帝刘彻南巡至枞阳射蛟于江中，曾作《盛唐枞阳之歌》，遂置枞阳县。隋开皇十八年（598年）改为同安县，唐至德二年（757年），又改为桐城县，直至新中国成立前夕，枞阳才从桐城析出。

"自古桐、枞是一家"和"枞阳出人，桐城出名"的说法由来已久，一则是归属域制上的交集，二则是文学名人出生地的交集。桐、枞自古重文兴教，历史上呈现了"五里三进士，隔河两状元"的佳话与荣光。桐城派文学更是名满天下，主宰文坛两百多年，方苞、姚鼐、刘大櫆合称桐城三祖，但方苞、姚鼐实则枞阳人氏。当代枞阳也涌现出许多巨擘大家、科学精英和青年才俊，他们在美学、教育、军事、计算机、航空航天等方面为祖国的发展做出了卓越贡献。

耳濡目染，生活在这里的孩子们从小就会吟唱歌谣，更是以背诗吟赋为傲。家乡有一种说唱古书的文化传播方式，什么四大名著、儒林外史等，都从说唱古书人的嘴里传播开来。我从几岁起就开始自娱自乐地学说唱古书了，小的时候无论走到哪个亲戚家里，我都会拿起脸盆当鼓来敲，说唱书文。只要一开口，我的身边便会聚集起一堆大人和小孩，渐渐地，我也就成了一个娱乐传文小达人。枞阳古书的开场总会有一段说唱，抑扬顿挫，声高韵长，一旦开唱，人们便放下手里的活计，纷纷走向书场。"锣鼓一打啦响叮咚，同志们来你听清，今天不把旁人表，单把罗成表一通啦……"书中的人物故事便呼之欲出了。说古书一般都在农闲时节的晚上，大人小孩都对此十分眷念，常常到半夜说书人才会停止说唱，人们才拿上自家的板凳意犹未尽地散去。

枞阳县境内的岩石大都属于火成岩，其境内的浮山更是这种火成岩的典型代表。浮山的很多岩石都是由火山灰凝结而成，山体上有很多多孔的石头，敲一小块石头放在水中，这块石头就会浮起来，浮山也因此而得名。"三十六崖，七十二洞"是浮山的写照，而悬棺则成了一个不解之谜。"得子洞"是当地很多年轻小夫妻的必去之地。

它位于一处悬崖之上，人站在悬崖的对面，用力将小石子往悬崖上的洞口扔去，凡是扔进洞口的小石子都会无一例外地被反弹出来，相传只要你把石子扔进洞里就会生儿子，"得子洞"由此而得名。上初三的时候，我与一干同学到浮山去转了一圈，美丽的传说伴着迷人的风景让我们年轻的心着实荡漾了一回。岱鳌山层峦叠翠，石公、石婆、石小姐一家三口在此屹立了不知多少年，但他们的举手投足依然那么美丽；印在山脊巨大岩石上的神仙脚印更是令人啧啧称奇，相传是地藏菩萨留下的印记；活动在山腰上的四脚"蛇医生"令孩子们心猿意马。白荡湖、菜籽湖、枫沙湖更是彰显了枞阳的柔美，水天一色和沙鸥翔集的景观让人心旷神怡。家乡的山水让许多文人墨客流连忘返，更是孕育了一代又一代的枞阳儿女。

年味是最难忘的家乡味道。家乡的年俗十分醇厚，腊月，每家都会开始准备年货，腊鱼、腊肉、腊鸡、腊鸭等腊味一应俱全，长寿面（又称挂面）和炒米糖更是必不可少，各类油炸圆子也会在年二十八九的夜晚及时炸好，讲究的人家还会做上几十斤米面。做挂面是一种较难掌握的技术活，只有极少数人会这种手艺，学这种活要专门拜师，头三年一般是没有工钱的，一旦出师后便可自己独立经营。做挂面要在头一天晚上就开始。将面粉拌上适量的盐，再兑上适量的水，放上小苏打发面剂后，使劲揉成硬实柔度适中的面团，将揉好的面团放入陶缸之中，盖上缸盖后等待面团发酵。第二天一早将发酵好的面团揉成薄片，再用刀切分成条块，将切分好的条块搓捏成均匀的绳状后上筷，将上筷的面绳连同筷子一起储存在土坯砌筑的保温箱内，一至二个小时后取出上架，挂面架顶端横梁上的小孔间隔插满面筷后,做挂面的师傅便手握下悬的某根挂面筷,双手反复拉伸扯放,面条随之伸缩,如此反复几次,像线一样粗细的面条就在师傅的操作下水到渠成。一架架两三米长的挂面在晒场上晾晒,在微风的吹动下,像珠帘轻摆,更像丝网摇动,人们在惊叹挂面师傅手艺精妙的同时,也为那即将收入囊中的美味感到自豪。挂面晒到七分干时,将其下端的挂面筷子收起,再插到横梁内间隔的小孔里,挂面便成了对折状悬挂,及至挂面晒干后,将挂面从架子上取下来,一层一层地盘起,放入竹编的圆形篮子或挑稻谷用的稻箩里,做挂面的工艺流程便告全部结束。在家乡,无论是走亲访友还是回娘家看望父母,都要带上两斤挂面,尤其是大年初一的早上,家家户户都要做上一锅挂面,再配上文蛋、鸡汤等,家中成员每人都得吃上一大碗,预示着新的一年日子像挂面一样柔韧绵长,也预示着人们在新的一年里身体健康长寿。

常年出门在外或远嫁他乡的人们,通常在过年前的腊月或过年后的正月初三左右赶回家,两斤半猪肉和两斤挂面是女儿回娘家的标配,悠悠的思念和旅途的疲乏也在到家的那一刻,随着一碗余肉挂面或是鸡汤挂面而烟消云散。

"出门三五里,乡风各不同。"在家乡过春节极其热闹和讲究。大年三十下午必须把写好的对联贴在大门及其他房门上。门庆子不仅要贴到门上,还要贴到每个窗户的正上方,门上一般贴三张门庆,窗户上一般贴一张门庆就行了。在家乡,谁家的大门上只要贴上了对联,讨债的就不会上门来了,因而,很多欠了债又无法归还的人家便在年三十那天早早地把对联贴上。实际上,即使不早早贴上对联，债主一般也不会在年三十那天来上门要债。乡亲们都是非常善良友好的，也是非常淳朴的，年三十之前还还不上债，那肯定是真的遇到困难了。

大年初一清晨，各家各户都会燃放鞭炮，在家乡称作开门炮，寓意新的一年一切顺利、红红火火。因此，鞭炮质量的好坏就显得十分重要，要是质量不好有哑炮，就预示着有不吉利的事情发生。一般情况下，鞭炮销售商都会保证鞭炮的质量。

大年初一吃过早饭，各家的小辈们便挨家挨户地把村子里的人家走个遍，尤其是家里有长两辈老人的家里，那是必须要去拜年的。在本村拜年很简单，什么都不用带，只要人到了，再说上一些祝福语就算拜年了。主人家客气有加，递烟沏茶再抓上一把花生、瓜子、炒米糖之类的塞到来拜年的人手里。一般情况下，年初三要去舅舅家拜年，年初四要去岳父母家拜年，过了初四，则依据年龄长幼到姨妈或姑妈家去拜年，过了年初八就不会特意上谁家里去拜年了。过完正月十五，整个春节才算是真正地结束了，人们便又开始忙碌起来。

"我生在一个小山村，那里有我的父老乡亲，胡子里长满了故事，憨笑中埋着乡音……"《父老乡亲》的歌声从电视里飞出，久久回荡在我的心头。

馒头、面包和朝牌

六月，初夏，天气还不十分炎热，赶往县城中考的考生络绎不绝，经过三天的鏖战，卸下了属于十六岁花季的包袱。

从未到过县城的孩子们总是对县城的一切感到特别新奇，走街串巷看了个够，及至傍晚五点半左右，学校迎送考生的大巴终于要驶回学校了。虽说是迎送考生的大巴，但学生也是要交车费的，来回都是两元钱。来县城参加中考时，学校要求考生们必须一起乘坐租来的大巴出发，回去时学校不作统一要求。我和胜同学家境都不富裕，就准备一起走回家。向老师说明情况后，我和胜便往家走去。

从县城到家的距离有五十公里，"一路走，一路望，一路茫茫山岗……"夕阳的余晖把村庄、树木和我俩的影子拉得很长很长。"夕阳无限好，只是近黄昏"，那绝对不是我俩当时的写照，"路漫漫其修远兮，吾将上下而求索"，才是对年轻的我们的无限鞭策。边走边聊，理想、现实、未来都渐渐地飘进黑夜，我俩又累又饿，都希望此时能吃点东西填饱肚子。正想着，一阵轰隆隆的声音由远及近，一辆大型拖拉机摇摆着身躯慢慢驶来，我和胜不约而同地脱口而出："扒拖拉机。"等拖拉机从身边驶过，我们便紧跑几步，抓住后车帮纵身一跃，脚便踩在了拖拉机后车帮的下凹处，再一个侧身，一只脚便踏进了车厢，紧跟着一个侧转，整个人便滚进了车厢内。坐直了身子，拍拍身上的灰尘，我俩便商量着到哪个地方下去。

轰隆、轰隆……拖拉机上下颠簸，我们瘦弱的身体也一摇一晃。

拖拉机开了七八公里路后便在一个集镇的道路旁停了下来，我俩跳了下来，一转身，发现对面一家饮食店还开着门，昏暗的灯光下一个四十多岁的男子正在收拾着一摞蒸笼。我俩急忙穿过马路停在饮食店的门口，仔细数了数身上的钱，两个人身上的钱加起来一共只有四毛，拿着这仅有的四毛钱买了两个馒头，一人一个，边啃边沿着回家的路继续向前走。头顶上的星星和月亮在云层中忽明忽暗，脚底下的石子随着我们的脚步沙沙作响。大约半夜一点，披星戴月的我们敲开了胜的家门，开门的是胜的母亲，一看我们灰头土脸的样子，赶紧打来了水让我们先把脸洗干净，胜的母亲又转身到厨房下面条去了，二十分钟后，两碗堆得高高的鸡蛋面便端到了我们面前，我俩端起碗就狼吞虎咽起来。填饱了肚子，我和胜便在他那张床上躺下歇息了。次日清晨，我起身告别了胜和他的父母，匆匆赶往自己的家，不知情的父母早已站在村头焦急地等待我的归来。

七月，竹园边的枫树上，蝉在不停地鸣叫，我正在家门口的池塘边钓鱼，初三班主任吴老师送来了高中录取通知书，一家人都非常高兴。父母亲非要请吴老师吃碗面再回去，吴老师不肯，说还有其他同学的录取通知书要送，我和父母只好送吴老师离开。送走了吴老师，我便犯起愁来，轻声问父亲上高中的学费怎么办。父亲顿了顿告诉我，只要我有本事念书，无论考上哪个学校，他都会想法子让我去读书，哪怕是他讨饭也要让我去读书。听了父亲的话，我默默无言地点了点头，转身又继续去池塘边钓鱼了。

九月，开学的日子，父亲陪着我走到集镇上的高中，报到后，领了书本，在班主任韩老师的指引下看过了宿舍，父亲就急急忙忙回家了。由于报到前还不清楚学校的伙食是怎么解决的，我们没有带米来学校。父亲临走时让我先借同学的饭票，说第二天他就把米送过来，顺便给我带一瓶咸菜。我告诉父亲次日上午七点半在学校大门口等他。第二天上午七点半，我匆忙跑到大门口，父亲早已等在了那里。他蹲在学校大门口的门垛下，抽着香烟，身上蓝色的老布衬衫浸透了汗水，衣襟敞开处露出古铜色的肌肤，刚健的肌肉条块分明，两只装着米的编织袋连同一根杉木扁担一起横摆在他面前。父亲看到我过来，赶忙站了起来，使劲吸了两口烟便将烟头扔在地上踩灭，挑起米和我一起走向学校的食堂。等把米过好秤，教务处的老师拿来等额饭票，我数了数，便把饭票装进人造革的皮夹子里，然后抽出一张跑向食堂窗口，买了两只热气腾腾的馒头塞进父亲手里。父亲拿起一头用绳子扎好编织袋的扁担，扛在肩膀上，迈着矫健的步伐向学校外面走去。强烈的阳光下，父亲露出了欣慰的笑容。

　　高二的时候，我和同学们已经很熟悉了，玩得来的同学逐渐形成了一个个小圈子，我们这一拨人平时基本上坐在教室的前三排，性格相对比较开朗。除了我以外，其他同学的家庭条件都还不错，有的家长是当地的小官员，有的父母是工商干部或人民教师，其中"大个子"的父亲在区财政所工作，周末一般都回家帮助家里干些农活，我们几个人周末通常和"大个子"一起去他父亲的房间玩，打牌、听音乐，或是弄上一点吃的，有时"大个子"也会吹一段口琴来助兴。有一天，区政府的办公楼门口突然多了一个大机器，这个大机器一次能烤五六十个面包。对于我们这个农村小镇来说，吃烤面包可是新鲜事。我也想着买两个烤面包带回家去，可每周的生活费不到两元钱，实在是舍不得花六毛钱去买两个烤面包。好在卖面包的师傅说可以拿学校的饭票换面包，于是在一个周五下午放学后，我一路小跑赶到区政府大门口，用三两饭票换了两个刚出炉的烤面包，用纸包好，放进我那黄色的帆布书包里。到家后赶紧把面包拿出来，分成六份，看着父母及姐妹们吃面包时脸上露出的笑容，我觉得特别开心和温暖。

朝牌是我们当地的特色小吃，因其与汉代官员上朝时手持的牌子极其相像而得名。朝牌的做法并不复杂，将面粉加入少量的白砂糖和适量的水揉成面团后，用擀面杖擀成一块块长方形，再将长方形面块贴在炉灶内烘烤而成。烘烤时火候要拿捏得极准，这样烤出来的朝牌软硬适中且香糯可口。高中正是孩子长身体的时候，但当时的学习条件相对艰苦，每天晚自习后差不多已是晚上十点多钟了，同学们都已饥肠辘辘。尽管学校的大门早已关闭，但强烈的饥饿感驱使着同学们想方设法，翻墙钻洞也要去校外的饮食店买一块朝牌来吃，似乎只有吃了朝牌方可进入梦乡。

以大米为主食的地方，偶尔有些馒头、面包、朝牌之类的面食来改换一下口味，那也算是极其幸福的事情了。集镇上的喧嚣和校园内的宁静似乎永远不会交织在一起，但馒头、面包和朝牌却令校园内的世界变得更加宽广，也让城镇的烟火气息变得浓厚又温馨。

找回来的饭票

人总要经历过什么才能真真切切感觉到友情的珍贵，才能清清楚楚体会到友谊的崇高。

进入高二第一个学期，学习变得越来越紧张了。每天晚上熄灯后，仍有一些同学点起煤油灯或蜡烛偷偷学习，甚至有些同学不住在校内，到校外镇上的亲戚家里借住。我们这个小圈子里的同学似乎并不显得那么紧张，每天依然嘻嘻哈哈，因此引来了不少非议。

课前时间我们总爱起哄。由于教室中间一排可以坐六个人，前三排中间的位置一半是女生一半是男生，于是男生便集体起人浪推向女生一侧，弄得紧相邻的男同学和女同学特别紧张，要知道那个时代男生和女生基本上是不讲话不交流的。吃午饭和晚饭的时候，大家总是把各自从家里带来的咸菜放到一起，一顿饭下来，各家的特色咸菜也就尝了个遍。特色咸菜有毛豆芥菜（实际上是雪里蕻）、豆干白菜、萝卜干、小鱼炒黄豆，等等。吃好晚饭，大家都拿上一本书，走向校外的小山坡，表面上是去学习，实际上有不少同学是去聊天，也有一些同学是去练武术动作。武术动作基本上是大家相互传授和学习，基本动作不外乎鲤鱼打挺、鹞子翻身、卧龙绞柱、前手翻和后手翻之类。矮山旁、水库边、树林里，到处都有同学们的身影，未来的"天之骄子"，还真不知道有多少是出自他们中间。

某个周五，大家突然收到消息，说附近有个村子晚上要放映露天电影。大家都想出去放松一下，于是几个同学相约一起去看电影。

电影晚上七点钟开始放映,片名是《月亮湾的笑声》。每个人都被电影情节所感染,及至电影放完,人们还深深地沉浸在贵根和兰花的爱情故事中。看完电影,我们几个人匆忙往学校赶,走到半路,我突然发现皮夹子丢了,里面有我半个月的饭票和两元钱。勇、超、马虎、大个子等几个同学商量了一下,便和我一起返回放映场,但找遍了整个放映场,终究还是没有找回我那亲爱的皮夹子。再赶回学校,已经快夜里十一点了,我只好怏怏不乐地躺下睡觉。

过完周末,等到周一上完第一节课后,超突然找到我,告诉我说我丢失的饭票找到了,但两元钱和皮夹子,捡到的人就不归还了。超把早已准备好的十八斤饭票递给我,我万分激动,伸手接过超递过来的饭票,一再叮嘱超要谢谢那个归还饭票的人。

高二的学习虽然已经很紧张,但平时也会有一些我们自己的幸福时光。在临近元旦的半个月里,理科班特意准备了一场元旦迎新晚会。在元旦前一天晚上,元旦迎新晚会如期举行,同学们竞相表演了自己的拿手节目,有笛子独奏、口琴独奏,有独唱也有合唱,教室里一片欢乐,平日里紧张的气氛被抛到了九霄云天。

元旦过后,天气已经非常寒冷,教室里无任何取暖设备,同学们坐久了,脚都会冻得发痛。偶尔有个别同学实在忍受不了,便轻轻跺一跺脚。跺脚的声音虽然不大,但在冬日里似乎有着极强的传染性,同学们好像心有灵犀似的,不约而同一起跺起脚来,整齐划一的跺脚声在教室里回荡。每当此时,上课的老师总是情不自禁地发出笑声,同学们也很自觉,一般跺脚一分钟便自动停下来,教室里又恢复了宁静,老师娓娓道来的讲课声又把同学们全部带回了紧张学习的氛围中。我们的高中老师大多骨子里都带有一种幽默感，尤其是在课堂上正式讲课前，常会用当地的方言给我们讲一段笑话。有一次，在特别寒冷的一个早晨，英语老师在上课前给我们讲了一个当地的小笑话。说是有一个男人特别怕冷，正好有一年的冬天特别寒冷，这个男人想让他老婆给他做一双棉鞋。但他这个老婆是当地有名的懒婆娘，非常不愿意给她的丈夫做棉鞋，于是就说道："九月重阳节，十月小阳春，十一月微微冷，十二月又打春，你这个短命鬼还要什么棉鞋过什么冬？"课堂上顿时发出一阵响亮的笑声，正式讲课便在愉快的笑声后拉开了大幕。

住校生活简单又不失乐趣。农村的高中不像城里的高中有那么好的条件。那时我们学校连自来水都没有，洗漱、洗碗等用水都在校内的一口池塘边，喝的水则是从学校专门打的一口井里取用。睡觉的地方分上下两层，全是由木柱和木板铺装而成，是两排几乎与房间等宽的大通铺，每到周五都有很多同学赶回家里，没回家的同学在寒冷的冬夜里，便将回家同学的被子拿来或垫或盖，等到周日上午起床后再将被子叠好放回原处。大家都这样做，回家的同学对这件事情也坦然接受，因而，从来不会有同学因为有人动了他的被子而发脾气。有时天气实在过于寒冷，几个要好的同学也会将被子混在一起，互相取暖来度过寒冷的冬天。

日子就这样平淡而又热闹地过去，转眼间高二就快结束了。一天，班主任韩老师来到教室，问同学们有没有不愿意参加高考的，如果不愿意参加高考就直接转到下学年的高三。全班同学都不愿意转入高三，都希望参加高考。我们那一届是两年制高中的最后一批，县里的其他高中都已转成三年制了。其实农村的孩子都想早点高中毕业，无论能不能考上大学，都得帮家里分担一部分农活，即使没考上大学，还可以看情况决定是否复读。

7月7、8、9日，酷暑难熬的日子，三天的考试决定了一个农村孩子的一辈子和未来。高考结束，大家就忙着填报志愿了。我的梦想是当一名人民警察，第一志愿自然就填报了中国人民公安大学。填完志愿，大家就各奔东西了，有的同学甚至一辈子再也不会见面。静静等待高考成绩通知的日子既清闲又让人焦急，这期间也会有一些同学相互串门，以消除那份焦虑和不安。一天，衡和我相约一起回学校看看，在回来的路上，他告诉了我饭票被找回来的真相。其实皮夹子和饭票都没有找到，饭票是几个同学一起凑份子凑给我的。我愣了好久，心里酸酸的、甜甜的。"桃花潭水深千尺，不及汪伦送我情"，或许这才是友情的最好解读。

高考成绩通知终于下来了，我们理科班只有一个人被大学录取，我的成绩虽然在学校里排在前列，但距离本科录取分数线还是有一定的差距。带着一种失落，带着一份美好，带着那张红皮的高中毕业证，我告别了亲爱的老师和同学，也告别了学习和生活了两年的高中学校。

家里人并没有打消让我读书出人头地的念头，父亲想办法托了一个亲戚，安排我到另一所高中插班高三复读。有了第一次高考的经验，在复读的时间里，我重点加强了弱项科目的复习。一晃又到了高考的日子，三年的苦读在三天里得到了最终的检验。

第二章

晨钟暮鼓

青春随秀发飘动,青春对大山呐喊。梧桐树下并肩而行的美丽,让纷飞的细雨也变得格外温柔;宿舍里的围棋盘,将张扬的个性刻画成三百六十一个星辰。伴随着清晨的钟声,你敲响了沉睡的窗棂,踏着暮色中的鼓点,我把你的风采印在了心中。

西进长安

大学录取通知书送到我家的时候，全村在这一刻沸腾了，每家每户都在传着一句话："老象的儿子考取大学了。"仿佛是自家孩子考上了大学一般。前来祝贺的人一个接着一个，家里显得十分拥挤和热闹，因为这毕竟是村庄里出来的第一个大学生。

距离开学报到的日子越来越近了，叔叔送来了手表，舅舅送来了一点钱，姑姑和姨妈也分别送来了衣服和鞋袜，小伙伴们凑钱买来了一只人造革的大行李箱，爸妈也特意为我做了一套全新的涤卡中山装……带着亲人们的祝福与希望，在晨曦中挥挥手，告别了家乡，告别了父母，告别了儿时的伙伴，我踏上了去往西安的路途。爷爷将我送到合肥，在合肥小爷爷的帮助下买到了去西安的硬座火车票。我第一次出远门，第一次坐火车，心中无数遍憧憬着大学校园与古城西安的美好模样。

随着拥挤、缓慢移动的人群，我终于踏上了即将开往西安的列车，一声长鸣的汽笛仿佛是在告诉放飞的灵魂，未来的道路一定会景色迷人，但也会荆棘丛生。我坐在车厢里一动不动，两眼盯着车窗外，黝黑的脸上看不出任何表情，任凭潮湿闷热的车厢里如何吵闹，就好像这个世界静止了一般。水家湖、蚌埠、商丘、洛阳、郑州、三门峡、潼关……一个个站牌被无情地甩在了列车之后，吭哧吭哧和咣当咣当的声响把我的思绪带到了无边无际的时空。

经过二十二个小时的跋涉，列车缓缓驶进了西安站的站台，播音员清脆明亮的声音骤然响起:"各位旅客,本次列车终点站西安到了,请各位旅客带好自己的行李下车。"车厢里的人们陆续起身,拿起行李准备下车,我却坐在那里依然不动,但眼睛从未离开过自己的行李,等到人们差不多都下车了,我才拎起行李箱和一床捆扎好的被子不急不慢地走出车厢。

循着站台的标识指示,我从地下道里走出车站,出来便是开阔的车站广场,一辆辆迎接新生的大巴排满了广场,喧嚣声吞没了整个广场。我镇定地寻找着标有"西安地质学院新生接待车"字样的车辆。走过七八辆大巴,我便看到了要寻找的车子,径直上了车,车上已经坐了一半人,又等了约一刻钟,陆陆续续又上来三批新生。大巴终于启动了,向着学校开去。

大巴不断摇摆着它那庞大的身躯,绕过了钟鼓楼,一路向前穿过和平门,厚重的城墙带着历史的沧桑被甩在了身后,沿着雁塔路一直向南。街道两侧的房屋和树木从车窗外不断向后退去,红绿灯不停地变换着颜色,很有秩序地把南来北往和东来西去的汽车、自行车和行人送过它的势力范围。约莫过去了四十分钟,顺着汽车挡风玻璃向前望去,依稀可以看见大雁塔的身影了。汽车又行驶了五分钟,便向右边的大门内拐去,"西安地质学院"六个行书黑体大字豁然映入眼帘。

汽车顺着校园内的道路向西开去,教学楼、操场、小花园在校园内错落有致,给人带来一种清新的文化气息。正想着,汽车停在学校中间一幢宽大的建筑物前,喧闹的人们手提着大包小包行李来来往往,前来迎接新生的学生会成员及学校老师依次领着新生到各个地方登记报到，领取学生证、饭票及宿舍钥匙。我也在指导老师的引领下顺利办好了报到手续，前往我将要居住的学生宿舍北楼。

我提着行李箱和被子，沿着整洁的水泥道路向宿舍北楼走去。宿舍北楼为五层长方形建筑，混凝土外墙表面镶嵌着各种颜色的碎玻璃碴，一扇扇带着木框的玻璃窗户反射着耀眼的阳光。我要去的房间在四楼。进了宿舍楼大门，我把行李扛在肩膀上，径直上到四楼，顺着楼道向右走了几步便到了407房间。门半开着，我轻轻将门推开，朝里看了一眼，已经有两个同学到了。我走进宿舍，将行李放在窗户左侧的上铺，和宿舍里的两个同学寒暄起来，彼此作了简单介绍，算是认识了。两个同学的个头都不高，身材偏瘦的是来自江苏兴化的风，不胖不瘦的是来自河南驻马店的辉。

闲聊了十几分钟，又有一个高大壮实的同学走进宿舍，相互介绍后大家便海阔天空地聊了起来。高大壮实的同学名叫伟，来自陕西宝鸡。及至下午三点多钟，广西的阿邦操着一口客家话走进了宿舍，又免不了一番相互介绍。到了下午五点多钟，东北的阿为敲响了宿舍的门，开口说道："大家好！我是我们宿舍的阿为，麻烦同学们下楼帮忙，一起把我的行李抬上楼。"宿舍里的同学都争着往楼下走去，来到了报到的大食堂的一角，一大一小两个朱红色的木箱静静地躺在地上，风和辉抬起了那个小一点的箱子，伟、邦、为和我四个人一弯腰抬起了那个大箱子。大箱子非常沉重，但好在路程不远，不一会儿就到了宿舍北楼大门口，几个人将箱子放在地上，稍作休息，便重新抬起箱子向楼上走去。到了宿舍，为打开箱子开始整理他的物品。大家一看，原来箱子里面放了许多书籍，几个人异口同声地说道："怪不得这么沉！"为向大家表示了感谢，我们也开始各自整理床铺和物品。大家有说有笑，很快便到了吃晚饭的时间。大家一看碗筷还没有，便一起走下宿舍楼，在报到处旁边的商店购买了餐具，然后前往食堂。晚餐比较丰富，有三四种炒菜，主食有馒头、米饭、白水煮面条、卤面，还有肉夹馍。大家各自买了自己喜欢的饭菜，围坐在大圆桌前，一边吃着饭，一边天南地北地闲聊。吃好晚饭，大家又一起去买了洗漱用品及暖瓶，将购买的物品送回宿舍后，我又去灌了四暖瓶开水。稍作休息，一群来自五湖四海的男子汉便到校园里散步和参观了。晚风吹动着梧桐叶，发出一阵一阵的沙沙声，夕阳的余晖把天际映得绯红。

次日上午十点多钟，宿舍最后一名同学终于到了，这名身形瘦高、操着一口陕西话的新同学红来自陕西渭南。此时，属于我们这个班级的同学基本已到齐，隔壁宿舍的同学也不断来串门，彼此介绍各自的姓名和籍贯。同学们来自新疆、黑龙江、辽宁、青海、江苏、安徽、湖南、浙江、福建、广西、陕西、山西、山东、江西、河南共计十五个省份，操着各地口音的同学们脸上都挂着纯朴的笑容，初次见面的兴奋和热情充满了整个空间。

报到的日子相对较为清闲，无论是来自城市还是来自农村，大家除了吃饭便是聊天和散步。九月的西安已经秋意甚浓，从校园走到大雁塔是初来乍到的学子们在报到的几日里必修的功课，马路上落叶声声，红、黄、绿、紫尽在秋日里渲染，一行人悠闲地走在雁塔路上，脸上洋溢着青春的光彩，心里充满着对古都长安的猜想，天空中的云彩带着秋天的唯美四处飘逸。

晨钟悠扬

三天报到的时间转眼过去，辅导员田头召集大家筹备第一次班会。一个星期后，第一次班会正式召开，田头简要介绍了一下学校的情况以及我们这个专业的现状，然后大家分别作了自我介绍，最后选举班干部。第一次选班干部是以每个人在高中时期的经历和阅历为依据，鹏被选为班长，我被推举为学习委员，其他班干部也依次被选出。

第一学期的基础课程相对较多，学习任务也相对较重，同学们无论是对待学习还是办理其他相关事情都非常努力认真。每天早上六点，起床铃声准时响起，同学们赶紧起来洗漱，十五分钟后，踏着早操铃声的节奏，同学们准时站在学校操场中间，在富有韵律的第六套广播体操音乐的伴奏下，操场上整齐列队的同学尽情地伸展着肢体，欢快地跳跃，美好的一天仿佛是从做广播体操开始的。

九月中旬，学校组织新生开展了一次游园活动，游历的主要景点有碑林、和平公园和钟鼓楼。魏碑、小篆、隶书等各种字体的碑文镌刻在形形色色的石碑上，把西安古城的文化历史展现得淋漓尽致；和平公园则充满了现代生活气息，芳草悠悠，小船在湖面上慢慢摇动。休息的时候，大家三五成群地围坐在公园里的小石桌旁，尽情品尝着自带的饮料和卤菜，一切都那么怡然自得。钟鼓楼位于城墙之上，古朴端庄，每日清晨的钟声随风飘扬，仿佛在诉说着生活的安详和历史的沧桑。

纷繁的九月给人留下了太多的喜悦和遐想，时光的车轮旋转到了十月。国庆节，举国同庆，校园内鲜红的条幅、飘扬的五星红旗和各色彩旗交相辉映，充满了勃勃生机。班级举行了国庆晚会，同学们在教室里一边包饺子一边布置会场。八点钟晚会正式开始，为和金表演了吉他弹唱，华表演了口哨吹奏，平表演了陕西话小品，铃演唱了沪剧选段……同学们一边吃着水饺一边观看才艺表演，欢乐的气氛感染了每个人。最后，全场交谊舞拉开了帷幕，我们忘情地跳着，一切都随着身体的转动而转动起来，曾经的和现在的互相纠缠着、旋转着向天空升腾。

过了国庆节，天气开始冷了起来，我和邦来学校时都只带了一床被子，再加上家庭条件较差，辅导员田头便为我们向学校申请了补助，组织班里的女同学买来了被褥和布匹，姬、铃、叶子、女老大等几位女生为我们缝制被褥，针线在她们手里上下飞扬，秀发轻轻飘动，过了二十来分钟，崭新的被褥便呈现在了我们面前。窗外北风吹落了枯黄的树叶，而我的心里却依然是温暖的春天。

为了帮助学子们更好地完成学业，学校在我们入学的第一个学期实行了助学金制度，每个学生都有助学金。助学金分为一、二、三等，我拿的是一等助学金，每个月有34斤饭票。由于我饭量大，这些饭票是远远不够吃的，肚子时常发出饥饿的咕噜声，班里的女生有时便将多余的饭票送给我。吃饭已经不成问题，但日常开支还是捉襟见肘，田头便给我找了一份勤工俭学的活，主要是在每个周六或者周日卖电影票或者看护舞厅大门，每周有五元钱的收入，这样基本上我的日常开支就不用问家里要了。

学校的文艺活动丰富多彩，各种团体也广泛吸纳学员。班级里的女生都较为活跃，叶子和姬文学功底及社交能力相对较强，被吸收进了校学生会；燕子被吸纳成为校舞蹈队成员，铃参加了校诗歌社，西、苹果、女老大也根据各自的兴趣积极参加了书法社等社团；男生参加校办社团的相比女生就少了很多，炮参加了舞蹈队，为、风和我则参加了校武术队，平和金参加了吉他培训班。没有参加社团的同学也深受影响，班里的文艺氛围变得浓厚起来，业余时间大家常聚在一起，弹着吉他，唱着歌，赏着风景，感悟着人生，幻想着未来。

火热的青春在校园里激情燃烧。足球场上飞奔的身影辉映着旋转的足球，有破门而入的喝彩，也有将球踢飞的唏嘘，但无论是喝彩还是唏嘘都无法掩盖那奔腾的热血；篮球场上你来我往的轮番轰炸，记分牌上的数字在阵阵呐喊声中节节攀升，滴答而下的汗水在书写着昂扬的斗志；阶梯教室里，激烈的辩论如歌如诗，一辩娓娓道来，二辩、三辩的诠释又像点燃了冬夜里的篝火；周末舞厅里，旋转的身姿送来了现代的气息，舒展的手臂与飘扬的秀发形成了绝妙的风景；夜灯下的图书馆里，专注的神情穿越了历史的长河，亿万年的沧桑掩盖不住神奇的岁月，不断前行才是我们追求的人生真谛。

毋庸置疑，在人类发展的历史中，爱情是亘古不变的最引人关切的主题。我们入学之前，学校是明文禁止学生谈恋爱的，但到了我们这一届，学校对学生是否谈恋爱就不再过多干涉了。快到元旦的时候，天气已经十分寒冷，男女生也非常熟悉了，周末的日子里，常有女生到男生宿舍来串门,一些男生和女生也打得火热,虽说没有确定恋爱关系,但彼此也处得很融洽。下雪的时候,女生们穿起各种颜色的滑雪衫和大衣,配上长筒靴,身边有三两个男生陪着,尽情地在雪地里徜徉,有的女生弯下腰抓起一把雪搓成雪团,用力向男生砸去,有的则和男生一起堆起了雪人。有调皮的男生甚至穿上女生的外套和长筒靴在校园里招摇过市,快乐的笑容印在年轻的脸庞上,魅力四射,感染了天空,感染了大地。

元旦迎新茶话会如期举行,唱歌、小品、诗朗诵、乐器演奏等节目一一呈现。我也在同学们的起哄下,演唱了一首家乡的黄梅戏,虽说五音不全,却也是韵味十足。台上台下一片欢声笑语,1988年的元旦就这样热闹愉快地度过了。

元旦后不久的一天清晨,天还是黑的,我们宿舍窗户上突然传来了"咚!咚!咚!"的响声,我翻了个身,侧耳细听,又传来了轻微的呼唤声:"伟,起来跑步去了!"我下铺的伟赶紧起身朝门外走去。伟和女老大谈恋爱的事情也从此变成了公开的"秘密"。每次伟跑步回来后洗漱的时刻,同学们免不了会打趣几句,恋爱的幸福在伟的脸上和同学们的打趣声中漫溢升腾。冬日的寒冷阻挡不了恋爱的脚步,我们宿舍的窗户总是在清晨准时传来"咚!咚!咚!"的敲击声,每一个新的日子都会从敲击声中开始。

第一学期的时光短暂而充实,同学们都在努力中成长,我们班获得了"校优秀班级"和"校优秀团支部"的光荣称号,我也被评为"学习先进分子"。学校大礼堂里坐满了师生,表彰大会隆重举行,班长、团支部书记和我依次上台领取了奖状和奖品,受表彰的同学们笑容满面，校领导及获奖学生代表的发言铿锵有力又充满着朝气，礼堂内的同学们热血沸腾，青春的色彩尽情绽放。表彰大会结束后，班级辅导员田头又把同学们召集到学校大操场上，女生捧着优秀班级和优秀团支部的奖状弓步蹲在前排，后面的男生站成两排，咔嚓一声，一张艳丽多姿的合影定格在了那个阳光明媚的冬日下午。

寒假在期末考试后的第五日开始了。带着成长的喜悦，带着友谊的硕果，我们返回了各自的家乡，长安城城墙上的钟声依旧在每日的清晨悠扬。

素描远古

素描不仅是艺术院校学生和建筑设计专业学生的必修课，也是地质院校学生必须掌握的一门技术，只不过各自描画的对象不同。地质院校学生描绘的是地球亿万年来变化的印记。

每学年放暑假前的一个月，是地质院校野外实习的时候，罗盘、测绳、地质锤是野外调查必不可少的三件宝。地质簿是记录调查成果的原始记录手簿。地质簿是由一页一页画有均匀毫米网格的纸张装订而成的，每到一个地点，我们必须详细记录时间、地点，并详细描绘所需记录的断面、地形、地貌等，辅之记录地质体的长度、高度、宽度及其典型特征。回到室内后再进行成果整理，提交图纸及其他成果。

实习的每天早晨,我们早早地吃好了早饭,并将午饭用铝制饭盒装好。七点钟,接我们去实习地点的大卡车会准时停在实习基地的大门口,一群人分成两组,各自登上所在组的卡车后,卡车便轰然启动前往实习地。卡车行驶在山间公路上,风从耳边呼啸而过,人也变得狂野起来,口哨声、呐喊声回荡在纵横密布的山谷间,整个原野的宁静被突然打破,阳光透过薄薄的晨雾,好奇地窥探着这一群人的疯狂。到了实习地,男生纷纷从卡车上跳下来,女生则依次被热情的男生接下车来。大家整理好实习用品,便各自跟着自己的实习老师向目的地出发。沿着山谷一路向山上走去,山谷两侧各地层岩组分次出露,岩层、砾石层、土层尽显沧桑,褶皱、断层、向斜、背斜千姿百态,黄土梁、黄土塬、黄土峁妩媚妖娆,三叶虫及被子植物的化石也不失时机地诉说着远古生命的浩荡,玄武岩、花岗岩、砂岩、泥岩各自展示着绰约的风姿,一幅幅素描在同学们的笔下栩栩如生,一张张照片见证着山川的雄伟和学子们的身影。爬山、下坎对于男同学来说是比较容易的,但对于女生来说则有一定的困难。遇到比较陡的山坡时,豪爽的男生总会伸出手来拉女生一把,或者让女生牵着自己的地质锤锤柄缓缓前行,拉着的和牵着的便化成了一幅极美的图画,人与山的辉映和人与人的和谐在图画里蜿蜒。

野外地质调查最讲究的是团队协作,有的同学拿着地形图指引方向,有的同学拿着罗盘进行定位和测量,有的同学拿着测绳丈量长度、宽度或水深,有的同学拿着地质锤敲开风化的岩石认真地观察着岩石新鲜面的特征，一项项成果就这样在同学们的紧密配合下顺利取得。实习过程中，必须要有非常强的安全意识。爬山时，下方的同学一定要密切注意上方有没有被同学踩落的石头，一不小心就有可能被砸伤。还有就是站在行驶的卡车上，要特别留心左右树枝等的扫打。有一次，在去往调查地点的路上，苹果不幸被路旁的树枝扫中了胳膊，她痛得哇的一声叫出来，男生急忙叫停了卡车，把她送往附近的医院。经检查，苹果的小臂不幸骨折，敷上石膏做好固定后，她后面的实习也就泡汤了，只能待在住地养伤。同学们利用休息时间陆续来看望苹果，好在苹果性格很开朗，并未因此感到悲伤。

每学年的暑期实习都会选择不同的地方，我们除了能够欣赏到自然界山水林田的绝美之外，还能体验到人类历史文化的瑰丽芬芳。我们为龙门石窟的浑厚与洛河的不羁而心神荡漾，为少林寺的庄重与嵩山的神奇而沉思冥想，为蓝田猿人的聪慧和寺庙壁画的巧妙而流连忘返，也为小浪底水库的水流飞泻而惊叹人类的智慧，为汉中大米的清香而赞美劳动人民的勤劳，为定军山上残留的扎马钉而浮想联翩，仿佛穿越到了三国时代……自然界教会我们生活的无限美好，历史告诉我们创造的无比雄伟，我们就在这山水人文之间不断地被熏陶，不断思考着未来的行程。

出外实习的中饭通常情况下都是两个馒头和一份咸菜，虽说简单了点，却也方便。我们常常要忙碌到下午一点，一天的实习任务才基本完成。这时，同学们便选择一个平整的地方坐下来，拿出地质背包里的饭盒，取出馒头就着咸菜以及军用水壶里的凉白开，一口一口地吃起来。等到吃完中饭,接我们回实习基地的卡车也从远处慢慢驶来。"是那山谷的风,吹动了我们的红旗,是那狂暴的雨,洗刷了我们的帐篷;我们有火焰般的热情,战胜了一切疲劳和寒冷,背起了我们的行装,踏上了层层的山峰,我们满怀无限的希望,为祖国寻找出富饶的矿藏……"《勘探队员之歌》的歌声在耀眼的阳光下飘向远方。

"远看像逃荒的,近看像拾破烂的,仔细一看原来是搞勘探的。"这样的描述也许是对勘探队员或地质队员艰辛劳作最贴切的写照,但不论是何种辛苦,也无法阻挡年轻的心里迸发出的快乐。挥洒够了勤劳的汗水,也欣赏够了壮美的河山,在对古老地球和生命起源的遐想里我们回到了实习基地,这时也差不多到了下午三四点钟。稍作洗漱和休息,我们便把当天的成果予以整理和上图。忙完这些,接下来的时光便由我们自由支配了。有的同学去附近县城里打台球,有的同学在宿舍里打扑克,有的同学找个安静的地方下围棋。我除了下围棋外,有时也出去抓黄鳝,这时总有几个好奇的同学跟在我身后,帮忙拎着用来装黄鳝的塑料桶。海和姬便是跟班的铁杆粉丝,他们非常羡慕我抓黄鳝的本领。每次在基地周围的水田里一圈转下来,我们总能够抓到十几条黄鳝,约莫一两斤。到了吃晚饭的时候,常常会有几个同学一起在外面的饭馆里炒几个小菜,来上几扎啤酒。我由于经济窘迫,便将抓来的黄鳝送到饭馆里,算作是一个菜以抵餐费。同学们都十分热情,一起喝着冰爽的扎啤,一天的劳碌和疲乏顷刻间烟消云散。有时,大家也会在下午的空闲时段一起到河边散步,坐在河边的草地上,闲聊着,或者表演一下曾经引以为傲的舞蹈、武术动作，或者什么也不做，就那么呆呆地看着清清的河水在鹅卵石河床上流淌，任凭多余的时光带走那无法实现的幻想。

实习临近尾声的几日里，同学们都待在基地里忙着写实习报告。一份优秀的实习报告不仅要图文并茂，还要有自己独到的见解，从古生物化石的找寻和鉴别，到古生物的时间推演，从滑坡形状的分析到滑坡成因的形成，从断层面的岩性组成到断层的活动状态，等等，都要进行极其细致详尽的分析，实事求是和一丝不苟的科学精神在这里体现得淋漓尽致。辛苦了几日，一份份整齐的报告送到了老师手里。老师废寝忘食地对我们的实习报告进行批阅和点评。实习总结和表彰大会的日子终于来临，不管有没有受到表彰，同学们在这一刻似乎都有着一种取得战斗胜利的豪迈和激情。

"五彩辉煌的夜晚，屋内的灯光有些昏黄，我们燃烧着无尽的温暖，会有那么一天，会有那么一天，我们会飞到天外的天……会有那么一天，会有那么一天，我们会拥有更多更好的明天……"杨庆煌的歌声在夏夜里回荡，我们激情四溢，奔向远方。

约定的缘分

岁月总是在不经意间为我们留下了许多印记，在这些印记里，你会深深地感觉到有一种和煦的温暖，有一种迷人的真情，你常常在某个时刻想起那些甜蜜的时光。

翠华山，位于西安市南的秦岭山脉，海拔2132米，距离我们学校26公里。1988年7月，班级组织去翠华山郊游。出发那天，同学们一大早就起来准备郊游物品，到了早上7点半左右，便集合在一起准备出发了。交通工具是自行车，每两个人一辆。分好了交通工具，领好了交通路线图，大家便骑上自行车，风驰电掣般地向着目的地进发。

年轻人精力旺盛，个个生龙活虎。尤其是后座上有女生坐着，男同学骑起车来更是格外有劲。大家你追我赶，说说笑笑，道路两旁的树木彬彬有礼地为我们遮挡着斜照的阳光，微风轻轻拂过脸颊，不知不觉中大家便到达了翠华山山脚下。刚买好票，时针、分针和秒针完美地指在了上午9点。

翠华山的名字来自民间传说。相传古时候泾阳县有位姑娘叫金翠华，她美丽善良，勤劳聪明，与邻村潘郎相爱。她的兄嫂却逼着她嫁给富家子弟，临嫁之夜，"翠华忍泪无一语，月明三更悄离去"，逃入终南山。她的哥哥闻讯赶来，追至太乙山，见翠华坐在石洞中，急忙上去拉，突然"霹雳一声山岳崩，地动山摇烟雾腾"，山间出现太乙池，翠华化为神仙而去。从此，人们把这座山称为翠华山。

看完介绍，大家鱼贯进入正门，顺着溪流边的小路拾级而上，满目的翠绿伴着变质花岗岩的灰白色映入眼帘，阳光从绿色叶片的缝隙间穿过，似点点金星不停闪烁。一路向上来到山崩地质景观区，悬崖、石海、洞穴、瀑流等幽奇险奥，湖光山色令人流连忘返。下山的时候，大家来到了一处位于飞瀑下面的水潭，民、海、杰、华、风、辉和我七个男生，穿过溪流，来到了水潭中间的一块巨石上，留下了我们稚嫩的青春合影。吃午饭的时间到了,我们找了一块较为平坦的空地,三五人一伙,铺开了背包里的草绿色地质布,拿出自带的馒头、肉夹馍等干粮津津有味地嚼起来,富含氧离子的新鲜空气里时不时地传来我们爽朗的笑声。"终南阴岭秀,积雪浮云端。林表明霁色,城中增暮寒。"也许在这个夏季我们无法欣赏和体会到唐代诗人祖咏《终南望余雪》这首诗里的意境,但我们在翠华山上留下了属于我们共同的欢乐,我们的胸怀也许就在这山水的美艳和传说的奇幻中被打开,青春的色彩在这里飞扬。

"自古华山一条道",我对华山的初次认识来自电影《智取华山》,对于华山的险峻早已如雷贯耳。自从到西安上学后,想到华山看一看的念头时常萦绕在我心头,去趟华山至少需要花费四五十元,我实在不敢奢望能够成行,看着其他同学陆续去登顶华山,我只好默默地在一旁听他们讲登华山的故事。

时间很快就到了1990年,大三的第一个学期,学校开始实行志愿援边奖学金制度,华因为申请志愿援边而获得了每月四十元的奖学金,海、华、才、邦便约好一起去华山玩。他们邀请我一同前去,我只需要出路费就行,吃住全部由他们包。盛情难却,我便和大家一起前往华山。周五下午,几个人各自将预计开销的钱全部交给了海,华爽快地多出了一份。简单收拾了一些用品,我们就坐车出发了,晚上八九点钟我们到达华山脚下,找了个小饭店,一人点了一碗油泼辣子面填饱了肚子,又每人买了一块锅盔,当作上山后第二天的早餐。大家吃完饭在四周转了一圈,各种小吃摊及旅游用品店占满了道路两侧,对于我们这些学生来说,走走看看,见识一下外面的世界是主题。我们没有再买什么东西，半个多小时后，大家寻了个安静一点的空地，铺开地质布，躺下来稍作休整，等到夜里十二点半，起来收拾好东西，沿着山路开始登山。

顺着台阶一路向上，千尺幢霍然顶在了我们眼前，大家互相照应着，手脚并用向上继续前行，爬到千尺幢最上面一级台阶后，大家在路侧稍作休息，便又向上攀爬，克服了百步崖、翻身石等艰难险阻，一行人终于到达了东峰。邦看了一下手表，才凌晨四点十几分，距离日出还有一个多小时。大家取出地质布铺在石头上，坐在西峰顶，静静地等待太阳的升起。山顶十分寒冷，大家只得打开背包，取出事先准备好的军大衣穿在身上，但寒气依然袭人，大家只好坐一会儿后就起来活动一会儿，如此反反复复。终于熬到了天亮，雾气在山间弥漫，大家都以为看不到日出了，便又坐下来吃起锅盔。等吃完了锅盔，正准备前往其他景点游玩时，一轮光晕从远处的天边映射出来，渐渐地，渐渐地，光晕散发开来，太阳露出了头，接着露出了笑脸，由远及近，温暖一下子便传遍了全身。海拿起相机拍下了这迷人的一幕，我们依次相拥，把自己的身影连同太阳下山峰的妩媚一起印在了这一时刻。

玩遍了华山东峰的景点，一行人便顺着南峰朝着西峰方向走去，来到了长空栈道。远远看去，"华山天险"四个红色大字闪耀着光芒。我们沿着栈道走到了这四个大字所在处，我一只脚站在护栏外一只脚站在护栏内，让海给我拍下了一张珍贵的照片。到了下午三点，大家沿着来时的山路下山。常言道"上山容易下山难"，上山时是在晚上，我们并没有感觉到道路的险峻，待到下山时才发现如此陡峻和惊险，翻身石为倒转角，百步崖的坡脚也接近90度，千尺幢的一侧紧邻悬崖，我们一步一步，小心翼翼地向山下走去。

最后一个春游季节，学校组织大家去骊山和参观兵马俑。骊山这个名词我最早是从中学课文《阿房宫赋》知晓的，"骊山北构而西折，直走咸阳，二川溶溶，流入宫墙。五步一楼，十步一阁……"这篇杜牧作的赋道尽了阿房宫的繁华与悲惨，也使后人浮想联翩。大家依次参观了华清池、捉蒋亭及烽火台，大唐盛世的奢靡、中国现代史上的转折点以及古代诸侯的纷争，种种史实掠过脑海，"骊山语罢清宵半，泪雨霖铃终不怨"与"唐宗宋祖，稍逊风骚"的诗句已然是两个时代人的诗作了，一个道尽柔弱女子爱情的凄苦，一个尽显时代伟人革命的豪情。花红柳绿的春天给人留下了太多的感伤。带着文人墨客的遐思，我们又坐上了前往参观兵马俑的大巴。汽车在黄土地上奔驰，一路上的花花草草把这片苍茫大地装扮得略显生机，车轮过处，扬起阵阵黄雾。车里的同学们七嘴八舌地讨论着秦皇汉武，四十多分钟后，大巴停在了兵马俑博物馆的停车场内，我们领好游览券，依次进入兵马俑博物馆。一尊尊栩栩如生、形态各异的人俑、车俑、马俑让人们不禁联想起那一千七百多年前的战国时期，齐、楚、燕、韩、赵、魏、秦，战国七雄的历史诠释了人性的本质，而处于这个时代前后的孔子、老子、墨子等思想大家"百家争鸣"，把人类的思想与智慧推向了时代的巅峰。"古为今用"和"以史为鉴"，也许才是我们来参观骊山和兵马俑的最好收获。

"奇石险峰天地广，诗词歌赋情意真。文韬武略震天下，朝气蓬勃满乾坤。"一首小诗油然而生，年轻的我们在这幸福的土地上扬鞭驰骋。与山有约，与史有约，与情有约，与你有约。

棋牌里的故事

生命中常常有意想不到的收获。拥有一技之长，会给你带来许多欢乐，也会给你带来一份份惊喜。在某一段时光，在某一个地方，我们会遇见一些人，也会发生一些事，言语可能无法把那份美好表达清晰，文字能不能将这些说得透彻也不得而知，在这里，我且记录下自己的感动。

来自哈尔滨的为多才多艺，围棋、桥牌、吉他、健身、武术等都很出色，为因其围棋棋艺好，进校一年后就被吸收进了校围棋队。为算得上是我们班级的围棋鼻祖，在他的带领下，爱好围棋之风弥漫了整个班级，甚至波及全校男生，为自然成了我们的围棋师父。

围棋棋盘是方形的，由纵横各十九条线交叉组成，形成了361个交叉点，代表一年361天。棋子分为黑白两色，代表了阴和阳，黑子181枚，白子180枚。围棋棋盘上有九个星，正中间的星称为天元，以天元为顶点将围棋棋盘分成四等分，代表一年有四季。围棋的基本术语繁多，达四百多种，常用的有气、提、目、地、空、劫、尖、长、立、挡、并、顶、爬、关、冲、跳、飞、镇、挂、夹、断、跨、虎、刺、托、退、碰、压、接、扳、双、挤、拆、逼、封、点等。初学围棋者一般都是从"气"这个基本术语开始的，因为只有知道怎么保留住"气"，才知道如何存活和反击。

为是我们宿舍中的一员。"近水楼台先得月"，我们寝室全体成员都在为的悉心指导下学会了围棋，其他寝室的男生也有很多在为的教授下学会了围棋。围棋入门容易，但要达到一定的水准还是比较困难的，一段时间之后，学得好的和学得差的，棋艺水平拉开了几个档次。围棋之所以对同学们吸引力大，一则是因为围棋棋局变化诡谲，引人入胜，二则是因为容易让人陶醉在获胜的喜悦和快感中。一时间，宿舍里硝烟四起，大家轮番上阵，经常激战到深夜，有时胜负就在半目的微小差距上，大家的水平在这样不断的鏖战中日益见长。

1989年春季，为作为校围棋队的一员参加了陕西省高校围棋联赛，校围棋队经过十几轮苦战，最终获得了本次联赛第四名的好成绩。1989年冬季，学校也举办了一场围棋比赛。几场淘汰赛之后，冠亚军决战打响，我和一个常来我们寝室学围棋的其他系的同学对决，由于我的一招失误，将冠军头衔拱手让给了对手。虽说获得冠军的对手也是师父为调教出来的，但毕竟是代表两个不同的系，事后为狠狠地批评了我一番。在我们这群人中，阿氓（华的外号）和辉酷爱围棋，精心钻研，辉经常在空闲时间研究定式和经典战例，阿氓则经常独自一人前往省棋院研修，及至毕业前夕，他俩的围棋水平已经达到了一个较高的境界。

棋与牌总是互融互通的。在学会下围棋的日子里，我们也学会了桥牌、山东勾机等扑克游戏，周末大家也常常聚在一起打扑克。

桥牌讲究的是两个人之间的配合，攻方的明手与暗手之间，或者守方两个人之间都必须是相辅相成、互为依托，方可取得最大可能的胜利；山东勾机则讲究三个人之间的协作，确保团队中的成员有一个人取得第一是至关重要的，然后再争取团队中的另外两人都不要做垫底，就可获得大胜，当然最好的胜利就是同组中的三个人占住第一、第二、第三名，但概率相对来说是极低的。在棋牌轮番轰炸的日子里，校园生活似乎有了一种极其安详和无忧无虑的充足，进校之初的狂野渐渐远去。

岁月静好便是一切皆好，病痛的来临也许是对人生的另外一种考验。1989年5月初，初夏正想撵走晚春的慵懒，夕阳斜照的足球场上一群男生正在来回奔跑，豆大的汗珠从他们的额头上滴落，眼看对方的前锋过掉了几乎全部己方队员，再过掉最后一名后卫就可以直面守门员形成单刀了。说时迟那时快，只见最后一名瘦高的后卫来了个精准的倒地铲球，皮球随着这一铲哧溜溜地滚出了球场边线，场内外响起了一阵热烈的掌声。一场球赛下来，我突然感到头痛和浑身无力，连晚饭也不想吃了，在邦、海和阿氓的陪同下，我前往校医疗室。一番检查之后，校医让我赶紧收拾东西，拿着她开具的证明前往西安医学院附属医院住院治疗。我们急忙赶回宿舍收拾好行李，邦、海和阿氓陪同我一起去了医院。大家急匆匆帮我办好了住院手续，又把我送到病房。他们回去时，我关照他们回校后尽量不要和同学们说我生病的事，也不要来看我。

离开了同学，离开了学校，我独自一人住在医院里。经过医生的精心治疗，四五天后我的身体就恢复了很多，吃饭基本上正常了，也可以做较轻微的运动了。住院一周后的周日上午,我正在病房外的空地上散步,远远地看到有几个同学走来,稍近一点才看清是邦、阿珉、海、老大(才的又一称呼)、蔚他们五个。我们一起回到病房,我接过他们带来的水果和奶粉,放入病床边的床头柜里。为了不打扰其他病友,我们走出病房,在花坛边坐了下来,聊了很多彼此的情况。

住院后第二周的周三上午,铃和她的朋友一起到病房来看我,铃特意买了一束康乃馨和郁金香,还带来一个玻璃花瓶。粉红色和金黄色的花朵鲜艳欲滴,让洁白的病房平添了许多浪漫与温馨,花香溢满了房间,感动与温暖顿时涌上我的心头。铃和她的朋友又陪着我在医院的小花园里转了三十多分钟,我们聊到了学校的人和事,聊到了诗词文学,聊到了未来的打算。

五月就这样在病房内外的故事里度过。康复后我重回校园,重新享受到了往日的欢乐和祥和。

"我家住在黄土高坡,日头从坡上走过,照着我的窑洞,晒着我的胳膊,还有我的牛跟着我……"录音机里歌声高亢,宿舍里的棋牌激战正酣。

暮鼓韵长

大学四年,听惯了晨钟的清脆悠扬,也听惯了暮鼓的浑厚韵长,突然间,在这钟鼓楼畔,在这大雁塔旁,我们就要挥手告别,禁不住感到些许忧伤。

　　冬日的电影院里，温暖如春，吃着你买的冰棒，神清气爽，看完电影回学校的路上，奔跑有你陪伴；夏日的凉亭下，兄弟促膝长谈，理想越过万水千山；春日里的花园，百花争艳，吉他声声，迷人的你轻舞飞扬；秋日里的梧桐树下，落叶沙沙，静听秋虫呢喃，你舞动的身姿，曾经让谁心动情伤？此时的你我，只好借灵动的笔写下心中的祝愿，写下无尽的展望。

　　同样是度时日，与其平淡地重复，还不如去燃烧，寻得一种献身，一种热烈，一种奇异，一种永恒的不倦和长久的年轻！你的才华和工作，决定了你会有那一天，永东，永"栋"，愿你永远是生活的主人！

——田头　1991.7.3 于西安

寂寞的时光哪来写诗的灵感

这时候的心情

诗里没有

总觉得应该写下点什么

为难眠的夜和夜的难眠

为潇洒的你和永远无法潇洒的我

为过去的日子和将来的时光

为你爱的人和爱你的人

无奈黑沉沉的夜将我们隔成两个世界

也许真的应了那一句

情到深处人孤独

——海

熨斗先生

今天

我和你

要跨过这古老的门槛

不要祝福

不要再见

那些都是表演

最好是沉默

掩藏总不算欺骗

把回想留给未来吧

——阿珉

新的生路还很多，我必须跨进去，因为我还活着，但我还不知道怎样跨出那第一步。有时，仿佛看见那生路就像一条灰白的长蛇，自己蜿蜒地向我奔来，我等着，等着，看着临近，但忽然便消失在黑暗里了……（摘自鲁迅《伤逝》）

你很能干，也很坚强，跨出校门，迈上新的生路，这些便是你的财富，祝你成功！

——瑶

生命里充满了无数看似巧合的相知和相遇。同窗四载，我最佩服你的学习毅力和优异成绩，曾经拜读你的《绿》，感触很深，及至热泪盈眶，我的落泪是因为感动于一个生命的努力毕竟不会落空。

——燕子　1991.6.30 于西安

记不清在哪个日子里，读了那篇题为《绿》的散文，不禁泪盈于睫，海告诉我作者是你时，由不得重新来认识你。

四载光阴，为你那份刻苦勤勉深深打动，很高兴与你同窗，临别际，送上我祝福无数，愿如意长随！

——铃

有人称你为阿斗，这使我想起了刘备之子"阿斗"，坚信一点的是，有朝一日你为官，不会如他那般昏庸，多替百姓办些好事。

你也是能玩能学，宜阳逮黄鳝的绝技，让我一饱眼福与口福，谢谢你！

祝你……

——姬 1991.6

同窗四载，你由黄梅调的流行歌曲，进化成多色的优美嗓音，愿你事业顺利，爱情甜蜜！

——逗逗

你的无言中,给我留下了一种高尚的味道,知道吗?与你虽无深交,对你的人品总是怀着那种崇敬的心情,很欣赏一个正直、充实又谦恭的你。毕业了,就送上我心中一个很美的祝福。

祝你:每每天天,天天每每,快乐幸福!

年年岁岁,岁岁年年,发达顺利!

最后祝福你:高!

——西

饱经苦难的你,会比别人更知道珍惜你能拥有的一切,因为你善良的心再也不希望过去的一切出现。也许生活喜欢恶作剧,这时你千万别紧张,我就在你身边。

你既然决定远行,谁敢又谁能阻你航程,请你潇洒地走。

——你大哥　1991.6.28

对于好朋友来说,分别的时刻,言语是多余的,让我默默地祝福你走向新生活。(老兄结婚时,别忘了给我寄一颗糖)

——为

大学四年,恍如一场梦。

临别之际,映入眼帘的是你刻苦钻研的精神。

愿你更上进!

——苹果　1991.7.1

人生应像一条河，起先是一股小水，夹在狭窄的两岸之间，热情奔放地冲过石子和飞瀑，然后河身渐宽，水流亦渐平静，最后它与大海合为一体，不知不觉了无痕迹。假如你能这样看人生，就不会因逐渐老去而惴惴不安，因为你所怀念和热爱的东西都会延续下去。

同你共勉。

——小魏

……

一个又一个同学背着行囊离开了校园，走向了更加广阔的人生舞台。我独自坐在宿舍里，"海内存知己，天涯若比邻"。是的，我们虽然分别后将天各一方，但即使身在天涯海角，我们也会犹如近邻。一起哭过，一起笑过，一起疯过，一起傻过……一幕幕在悄然间化为曾经。"劝君更尽一杯酒，西出阳关无故人。"这样的诗句也无法描述我此刻的心情，翻看着毕业纪念册上一段又一段感人至深的话语，还有那一个个熟悉的签名，心中的惆怅宛若那滔滔的江水，绵延奔流。

想着，想着，夜已经很深了，我禁不住提起那笨拙的笔，让思绪随笔尖流淌，为自己、为同窗留下了一段发自内心的感悟。

非常有幸认识了你们，并与你们共同度过了四年时光。谢谢你们给我留下了一份记忆，无论是欢乐还是忧伤。想把你留住只能是在心里，既然注定要分手，又何必一定要流泪，潇洒地挥一挥手，互说一声珍重，同样会永远难忘。

我们的未来不是梦，相信在不远的将来，在遥远的天际会传来你们的喜讯。

——熨斗　1991年于西安

晨钟又一次响起的时刻，我已收拾好我的行囊，走在熟悉的校园林荫道上，已经没有人陪伴我一起行走了。校园内一切安然，晨风吹动着梧桐叶，沙……沙……

第三章

谁也少不了的

　　远处青山如黛,近处河流如练,鲜花开遍了山岗,小鸟在愉快地歌唱,这一切都是在为你加油,都是在为你鼓掌。前行的道路上有着成功的喜悦和奋斗的艰辛,一本本证书里印刻着你的幸福成长。青春无价,岁月有痕,尽管还要继续拼搏,但只有爱拼才会赢。

请出示你的证书

1991年的毕业季,南方暴雨成灾,洪水淹没了村庄,淹没了农田,淹没了铁路……好在从西安到蚌埠的铁路基本畅通,经过十几个小时的长途奔驰,列车终于停靠蚌埠火车站。

跟随着出站的人群,我通过了验票通道。广场上一片嘈杂,我拖着行李,向要去报到的单位走去。尽管火车站距离我要报到的单位只有两公里,但顶着炙热的太阳,走在无遮无挡的柏油马路上,汗水还是渐渐地湿透了我的衣裳。走了二十多分钟,终于看到了A单位的招牌。我走到大门口,门卫室里几个人正在喝茶聊天。我隔着窗户问他们毕业生报到的办公室在哪里,一个年纪稍长的中年人热情地回答,从东边数第三个办公室就是。我谢过门卫,扛着行李径直爬上三楼,把行李放在过道,从东头数第三个门,轻轻地叩了三下。屋内传来一个男同志细细的请我进去的声音,我旋转了一下门把手,慢慢地推开了门。办公室里有三个人,三张桌子是拼在一起的。我怔了一下,脸上带着微笑,对他们说我是来报到的毕业生。一个个头约一米七、皮肤白净的中年男子站了起来,从旁边拖过来一把椅子,客气地请我坐下。他自我介绍说他是办公室宋主任,接着他请我拿出身份证、毕业证以及报到单位通知单,仔细地核对了一下信息,便让办公室一个年纪较轻的同志拿去复印了。宋主任从抽屉里拿出一套表格,要我仔细填写。我一丝不苟地填好。他认真地看过,让我晚上先住在单位招待所,明天可以先回家探亲,有两个星期的毕业探亲假。我恭敬地说了声"谢谢",此时,去复印的同志也回来了,我便拿回我的毕业证和身份证,起身向他们告辞。宋主任又特意安排办事员小刘陪我一起前往单位招待所。招待所离我报到的办公楼只有五六百米,在小刘的介绍下,我顺利住进了单位招待所。

次日,我早早地起了床,在招待所楼底下吃了四个牛肉煎包,喝了一碗沙汤,便匆匆赶往火车站。到了火车站,到售票窗口一问,才知道到合肥的火车全部停运,原因是蚌埠至合肥的铁路水家湖路段全部被淹没,火车无法通行,我只好买了去往南京的火车票,准备到南京后乘坐轮船前往枞阳。列车沿着京沪线前行,两侧所见的田野、村庄、山岗让人心旷神怡。经过近四个小时的行程,列车到达了南京火车站,我急忙下车,也顾不上吃中饭,就叫了一辆人力三轮车载着我朝轮船客运码头赶去。人力三轮车穿街过巷,道路两侧的摊贩操着南腔北调用力地吆喝,夏日里的烦闹已让我无心他顾,我只想着早点买到回家的船票。三轮车路上行驶的时间并不算太长,过了几个街巷,再往江边拐去便到了轮船客运码头。我付了车费便匆忙赶到售票处。买票的人们排着长长的队伍,摩肩接踵,我站在队伍的后面一步一步地跟随着向前挪动,一个多小时后,终于到了售票窗口。售票员告诉我只有一班晚上九点的船了,问我要不要买这趟船票。我急忙告诉她我要买,从口袋里掏出二十元钱递过去,售票员撕下一张硬质纸船票递给了我,票面上清楚地印着"南京—枞阳、铺号106右下铺"的字样。我拿着船票前往候船室,时间为下午6点11分,距离开船时间还有两个半小时。我买了本《读者》

杂志，找了个偏僻点的座位，耐心地看起杂志来。时间一分一秒地流逝，等我差不多将杂志看完，广播里传来登船检票的通知，我将杂志塞进背包便朝着检票口走去。

拿着船票递给检票员，随着检票钳子的咔哒一声，我快步走向了开往枞阳的小客轮。登上客轮走进船舱，顺着狭窄的过道找到106舱房，我推开房门，找到铺位，把背包放到了床头。客轮一声汽笛长鸣打破了宁静的水面，船身开始不断地摇晃，我在夜色里微弱的灯光下，带着极其复杂的心情欣赏了一会儿江面的夜景，便倒头呼呼大睡起来。睡梦开始随着船身摇动，我梦见了父亲和母亲，梦见了大学同学和老师，还梦见了我的身体在空中飞翔。一阵高音喇叭把我从梦中惊醒："枞阳到了，请在枞阳下船的旅客尽快下船。"我拎起背包，匆匆走出船舱，外面的天色还很暗淡，在码头灯光的照射下，人们陆续走下轮船。我看了一眼陪伴我四年的老式机械手表——凌晨4点26分。

离开了码头，借着隐约的月光，我向县城汽车站缓缓前行。码头距离县城汽车站有不少路程，走了将近一个小时，天边开始渐渐泛白，再过了一会儿，远处泛起了太阳的金光，不远处，"枞阳客运汽车站"几个红色大字在初升的旭日下显得格外明亮，汽车站旁边的白荡湖也闪耀着粼粼波光，仿佛都在欢迎我这个学子回家。

七月的家乡，正是"双抢"农忙时节，抢收抢种是每个种田人心中最重大的事，我也每天和父母一起割早稻和插秧。割稻和插秧都是繁重的体力活儿，每天清晨六点左右就得下田，割稻一般是一排割十至十二把左右的水稻，有能力的可以一次割两排水稻，割完一排水稻就将割下来的堆在左手边的空处,及至割了四五排,左手旁边便形成了一个水稻铺子,然后将新割下来的水稻再堆砌成一个新铺子,如此反复,不断前行,在左侧身后便形成了一道整齐的水稻铺子。从稻田的一头割到另一头算是割完了一趟,稍事休息后再割新的一趟,一趟接着一趟,一块田里的水稻就在我们挥舞的镰刀下被完美收割。看着田里一行行整齐的水稻铺子,父母和我的脸上都露出喜悦的笑容。次日,等割完了第二块水稻田里的水稻后,临近傍晚时分,我们几个人便一起将第一块田里的水稻铺子收拾成一个个大小合适的水稻堆,再用稻草绳子将水稻捆成一捆一捆的稻把子,最后用麻绳加上扁担挑上两捆水稻把子回到家里的打谷场,或用苗担两头分别插上一捆稻把子挑回家里的打谷场。我们赤着脚来回在田间的小路上穿梭,田里收割下来的水稻就在我们这来回奔忙中被挑到了打谷场。五天左右,田里的水稻基本都已收割完成,父亲便开始赶着水牛去犁田、操田和耙田。又是五天左右,家里的稻田基本耕作完毕,我们便开始播插晚稻秧。插秧也是个面朝黄土背朝天的苦差事,夏日里的稻田水面热气直扑人面,脊背上火辣的太阳不断炙烤,汗珠子噗哒噗哒地滴落在水田里。有时田里的蚂蟥也来凑热闹,每当此时,我便将叮在腿上的蚂蟥捉住,走到田埂旁找一根细小的树枝或硬一点的稻草秆从蚂蟥的门腔穿入,可怜的蚂蟥便一命呜呼了。插秧在这苦中作乐的氛围里有条不紊地进行着,一排排嫩绿的秧苗在我们后退的身影下齐齐并立在水田里。

  两周的探亲假在忙碌与欢笑中很快过去。曾经的岁月,镌刻着父母的风霜,陪我一起飘向远方。带着父母的期望,带着新的梦想,我回到了 A 单位。在单位的统一安排下，我依旧住在招待所。第一次到单位食堂吃饭，我便被一群同事团团围住，他们问这问那，得知我会下围棋后，便有几个人每天晚上约我到职工活动室下围棋。单位刚举办过围棋比赛，先是派了个第五名来和我对抗，被我轻松拿下，接着是第四名和第三名来与我过招，也双双败阵，第二名实力较为强劲，经过两个小时的鏖战，我以不大的优势将他击败。最后是第一名与我激战，我抓住他一招致命的错误，追着他的一条大龙紧紧追杀，虽然没有杀掉他的大龙，但也在追击中捞得了大片实地，最后他只好拱手认输。一场围棋大战下来，我的名声一下子在单位内传播开来。

毕业后的头半年，我白天帮单位办公室整理人事档案资料，晚上除了帮其他项目组下工地观测地下水水位外，便是和同事进行围棋大战了。伴着下班后的篮球，伴着城市的喧哗，日子溜得如此顺滑，年底我摸摸自己空瘪的口袋，留下的是惆怅与茫然。

你在什么岗位

春天，万物复苏。经过半年的筹备，宿州规划水、工、环综合勘查项目组正式成立了，我们年前新分配过来的六个人全部被安排进了项目组。按照国家规定，我们也全部领到了技术员证书。

离开了大本营蚌埠，我们项目组二十来人集体进驻宿州。宿州项目基地位于宿州市三八桥附近，实际上是借早先建立的地质环境监测宿州分站的驻地。基地院子比较空旷，有四幢一层的砖瓦房，宿舍位于基地内进大门左手边的一幢房屋内，男同志三人一间，女同志两人一间。我被分到地质调查组，有时也去凿井组工作。调查组的主要任务是对当地的民用水井进行水位测量及采取井内水样送回单位大本营进行水质化验，将水井位置、大小、深度及水位深度等相关调查参数记录在专用的野外调查记录簿上，并将水井位置标注在地质图上。老魏、宏和我三个人组成的地质调查组在调查时都骑着自行车下乡，一个村庄一个村庄地跑。凡是有水井的地方都得按要求进行相关调查、取样及记录工作，一口井内一般取两组水样回去化验，一组水样做简分析，一组水样做全分析。每日的中餐都在外面吃，三个小菜再加上每人一瓶啤酒，简单而自得其乐。出野外除了中餐单位给予规定标准报销外，每人每天还可以拿到四元钱的野外补贴。地质调查组的野外补贴比其他组要多一元三角，因为地质调查组要不停地赶路，相对其他组来说比较辛苦。

在凿井组干活时，我的主要任务是进行水文地质钻孔岩芯编录，并根据岩芯含水量、岩土性质设计单井柱状图，再按照单井柱状图设计要求监督工人成井、洗井及进行抽水试验。水文地质调查凿井深度浅的五六十米，深的达一二百米，钻孔成井过程中最怕的就是出现孔内事故和人身安全事故。通常的孔内事故有孔壁坍塌、埋钻、钻杆脱丝、钻杆断裂、工具落入孔内等。一旦出现孔内事故，就得赶紧想方设法进行处理，否则钻井报废会造成严重损失，工人师傅们的年终奖金也会随之泡汤。一般的孔内事故处理通常需要花上一两天时间，如果井比较深、地质及其他情况又比较复杂的话，则需要花上一周的时间。安全事故常见的有钢丝绳断裂钻具掉落伤人、机械旋转绞到衣物和碰到人体而伤人、工具掉落伤人、机器倾倒或钻杆高处断落伤人等。一旦发生人身安全事故，大家不仅奖金拿不到，相关人员还会受到罚款、撤职等处分。因此，预防孔内事故的发生以及人身安全事故的发生是凿井工作的重中之重。非常庆幸，我们的凿井工作进行得相当顺利，一股股水流在空压机的压缩空气驱动下喷涌而出，一组组抽水试验数据也被工整准确地记录在一张张表格里。野外凿井、抽水试验的顺利也给室内成果资料整理工作提供了充足的时间。

项目开展了两个多月，单位领导带着办公室的几个人来看望和慰问项目组职工。他们来的那天晚上，项目基地食堂准备了丰盛的饭菜，大家分成两桌，我被安排在领导那一桌。我举起小酒杯先敬了单位领导，接着又分别敬了单位办公室来的几位同事，之后依次敬了项目组负责人和其他同事。酒桌上的气氛开始高涨起来，大家推杯换盏，你来我往，好不热闹。饭后，按照项目组领导安排，大家略作整理后，就前往宿州市中心的电影院观看电影。

观看电影是一个能够给野外工作人员及时减压的好办法。项目组负责人陪同领导先行出发，我们余下的人骑着自行车前往。项目组的自行车不多，只好两人或三人同骑一辆。酒壮英雄胆，我的自行车二八大杠上坐着奇，后座上坐着宝，我借助酒劲一路狂飙，上坡下坎，穿街过巷，向着电影院疾驰而去。

项目进行得如火如荼。七月的炎热虽然给野外地质工作者添了一份严酷的考验，但工作日的辛苦会被周末的文体比赛及活动冲淡和消除，年轻人的体力恢复得很快，文体活动也让身心感到愉悦，我们基本上体会不到有多大压力。七月中旬，项目负责人给我们几个毕业后工作已有一年的人带来了一个好消息：我们拿到了助理工程师证书。七月底，项目组与分站食堂进行了结算，项目组缴纳的伙食费用一分钱不剩，还倒欠分站一百多元钱。项目组负责人便把项目组成员召集到一起，经大家慎重讨论后，决定下半年的伙食经费及伙食由项目组自行管理，我被一致推举为伙食管理员。

　　夏日的酷热悄然退去，秋风带来了丝丝凉意，在金秋十月，我迎来了人生的第一份恋情，经人介绍，我和她相识在单位大本营的图书室。第一次见她，很害怕她看到我戴着眼镜的模样，我便偷偷地把眼镜摘掉，好在彼此坐在办公室的对面，还是能够看清楚她的面容相貌。她长得端庄秀丽，身上散发着迷人的青春气息，笑容可掬，和善可亲，我们彼此很客气地询问了各自的姓名和爱好，又各自介绍了一下自己的工作情况，留下了联系地址，然后我便送她到了图书室的楼下。因为她家就住在图书室楼下的单位家属大院里，我们便在楼下告别，相约下次我从宿州回来后再找她。隔了一个月，我送水样又回到了蚌埠，送完水样已是下午四点多钟了，我按照她上次给我留的地址一路寻去。她家住在地质大院最后一排，我轻轻敲响了她家的朱红色木门，开门的果然是她，我们在她家门口聊了几句，约好第二天上午十点在张公山公园大门口等。次日，我早早地来到公园大门口，过了十点，还没有看见她的踪影，我期盼地不时抬头望向远方。过了一刻钟左右，远远地看见一个穿着连衣裙的女孩向我这边走来。我没有戴眼镜，看得不是特别清楚，等这个女孩走近了些，终于看清了是她，我迎了上去，陪着她一起走进了公园。

沿着公园弯弯曲曲的小路，我们边走边聊。一路上，我一边听着她讲话，一边眯着眼睛看她和周围的花草。她柔声问我原来是不是一直都戴眼镜，我点了点头，告诉她担心她不喜欢我戴眼镜的样子，所以把眼镜摘了放在宿舍里了。她嫣然一笑，对我说你还是把眼镜戴上的好，那样眼睛就会睁开了，会好看一些。我应声回答，回去后就把眼镜戴上。交谈中我们来到公园内的湖边，租了一条小船，划着小船在水面上徜徉，微风轻拂，水波荡漾，幸福的笑容在我们脸上绽放。

1992年的年关将近，我们早早地收了工。年底结算下来，我管理的食堂不仅让大家吃得好吃得饱，每个人缴纳的伙食费还结余了几十元钱，大家纷纷对我的伙食管理工作表示认可和赞扬。回到蚌埠，春节前的一段时间，我和她又一起出去玩了几次，淮河岸边，曹山脚下，留下了我们并肩行走的身影，我们彼此的心走得越来越近。

第一次持证从事第一份正式工作，第一次拥有了属于自己的爱情，生活虽然充实，然而我每个月只有91元的基本工资，加上补助也就一百多元的收入，对于既要贴补家里又要谈对象成家的我来说，不得不在此时开始慎重考虑我的将来。

居住的琐事

1993年春节后，我作出了人生中重要的决定，我向单位领导打了申请报告，请求将我调到上海工区去工作。从分配到单位工作至我要求去上海的这段时间，是全国地质队较为困难的时期，计划内项目少，市场开发才刚刚起步，很多人对走向市场还存在许多疑虑。单位领导们非常慎重地考虑了我的请求，单位一把手亲自找我谈话，最终批准了我的请求。

1993年3月2日，去往上海的火车带着我的希望一路飞奔，两侧的树木、农田、道路仿佛都在向我挥手致意："好好干，你的前途一片光明！"天空上的云彩也在悄悄地鼓励着我。正在痴痴地想着，列车徐徐驶进了上海火车站。我扛起行李，按照来上海前单位给的上海工区地址及乘车路线，顺利到达了小闸镇，前来迎接我的是工区经理华同志。经过一天的休整，我便投入到繁忙的工作中。

上海工区的主要工作是完成单位在上海市场上承接来的工程，涉及的专业有工程勘察、工程降水、基坑围护及地基处理设计、岩土工程施工等。三月，寒气依然侵入骨髓，一名老工人师傅带着三个大学生在一块空地上进行钻探取样工作。年轻的大学生们精力充沛，记录、把井口、卸土样等工作样样干得有模有样。正当大家干得热火朝天之时，老工人师傅操作失误，取样时误算尺寸，取土样进尺过多，钻具被卡在了地面下六十米深度的地层内，提升、重锤反打、旋转顶升等方法都无法松动和提起孔内的钻具。大家只好停下忙碌的身影进行磋商，于是租来了一台起吊重量为一百吨的吊车前来吊拔孔内的钻具。被卡在地层内的钻具似乎具有一种巨大的魔力，任凭吊车如何使劲吊拔，孔内钻具仍然纹丝不动，最后只好放弃吊车吊拔。大家再一次磋商，慎重权衡几种方案后，最终决定采用千斤顶顶升法，采用两个顶升力为二十吨的千斤顶在钻杆两侧同步顶升。在准备好垫木、垫块、千斤顶、夹子钳等全部顶升用工具后，顶升工作正式开始，二人一组，分两组，日夜轮流开展顶升工作。

三月的深夜，市郊的旷野寂静无声，风吹得面孔生痛，穿着胶靴站在泥地里，寒冷从脚底顺着小腿往膝盖处爬升。钻杆在千斤顶巨大的上拔力作用下总算有所松动，开始几毫米几毫米地上升，头天晚上累计整体上升了二十多厘米。天亮的时候我们用钻机拉了几下，依然丝毫不动，只好接着顶，一个白天下来，钻杆又上升了三十多厘米。又到了夜班，我们拼命地顶啊顶，换卡、换垫，交替轮番进行，钻杆上升的速度越来越快，第二个白天来临的时候，已经顶起了一根三米长的钻杆。卸掉一根钻杆，大家一起接着顶升，一气呵成，第二根钻杆也被顶升了上来，进而用钻机提升了一下钻杆，整套钻杆钻具开始缓慢地上升，一鼓作气，钻杆被不断提升和不断拆卸，孔内的钻杆及钻具在被埋46个小时后成功脱险。上海工区经理买来了丰盛的早点，一番开怀大吃后，疲惫的我们倒在床上便进入了梦乡。

五月中旬，我亲爱的她借来上海出差的机会，来到上钢五厂工人文化宫基坑围护施工工地。她到达工地时，我正在开钻机施工围护桩，一身泥水。我赶紧去工厂澡堂洗了个澡，换上一套干净的衣服，便陪她一起前往外滩赏景。夜晚的外滩人流如织，五彩灯光把江水映得色彩斑斓，我们依偎着，沿着外滩情人墙缓缓前行，时不时地欣赏万国建筑群及江对岸的美景。江风轻轻地吹动着她的秀发，白色的上衣和黑色的吊带裙和谐搭配，在彩灯的映射下，她尽显妩媚。我们请照相师傅为我们拍了快照，在上海外滩情人墙前留下了我们青春粉红色的记忆。

虽说在上海工作，工资比原单位高了不少，但上海的开销也大，三百多元工资实在无法支撑我们将来的生活。我在别人的推荐下，又在同济大学地下系兼职做了一份编录员的工作。由于我编录的资料准确完整，同济大学的老师们给了我较好的待遇，这让我的收入有了大幅提高，一段时间兼职下来，彻底改变了我贫穷的境地，也让我学会了不少专业技术和知识。

1993年在艰苦的劳作和彩色的思念中走向了尽头，1994年元旦刚过，我和我亲爱的她结婚了。一切从简，我们没有举行盛大的婚礼，只是请了家人和红娘夫妇简单地聚了一场。岳父岳母大人的宽容理解及我亲爱的她的通情达理，让我们这个小家庭增添了无限美好和希望。过完春节，她就辞去工作陪同我一起前往上海。她刚来上海时，我们租住在五角场，后来由于工作需要，我们又搬到了大场附近。但无论搬到哪里，都必须到当地派出所去登记办理暂住证，方可安心居住，否则，我们这类外来人口就得经常受到检查。

为了给小家庭的将来打下一个良好的物质基础，1994年，我在做好本职工作的同时还兼做了几份工作，编录、编写报告、做检测，等等，凡是有空闲时间，我都会抓住机会出去做兼职。日子在忙忙碌碌及两个人的理解包容中渐渐有了起色，好事也不断眷顾我们这个小家庭。10月，艳阳高照，亲爱的她怀孕了，我们都特别开心，我每天特别小心地守护着她，每日饮食也适当增加些肉、鱼、蛋等，确保她和她肚子里的孩子有足够的营养。11月底，单位本部第一批房改工房开售，很多老同志都在观望房改动向，我毫不犹豫地购买了一套小三室一厅的住房，交纳第一笔资金的时候，正好是12月底，距离1995年春节也不算太长了，我和她便一起回到蚌埠。在岳父母一家的精心照顾与热情招待下，我们的小日子过得其乐融融。

1995年，孩子出生前我们拿到了新房，在岳父一家人的协助下，我们自食其力，顺利地完成了新房子的装修。装修虽不是豪华精致，但功能齐全，吃穿住设施应有尽有，孩子出生后我们便住在了这个新房子里。有孩子的时光，温馨有加，伴随着孩子的成长，欢乐充满着世界。1996年9月，我把妻儿接到了上海，依然需要办理暂住证方可居住，这之后，我们又由于各种原因先后搬了七次家。我们守法守规，从不给自己和他人惹麻烦，每搬到一处，我们都及时去当地派出所登记变更或重新办理暂住证。她每天精心照顾着孩子和我，我虽说工作辛苦一点，但无论何时到家，家里的饭菜总是热的，房子虽然是租住的，条件也较为简陋，但她和孩子的笑容足以让我这个七尺汉子被温暖融化，最美的幸福大概莫过于此吧。

经过了毕业后五年的洗礼，我们褪去了稚嫩的颜色，我开始作为自由项目经理人与单位签订了承包协议，人生中崭新的旅程整装待发。"走四方，路迢迢，水长长，迷迷茫茫，一村又一庄；看斜阳，落下去，又回来，地不老，天不荒，岁月长又长……"浦东金桥通用汽车项目场地的原野上空，回荡着高亢而又五音不全的歌声。我一边钓着龙虾，一边监督着现场勘探施工，三十天左右的野外勘探作业会战，为这个空旷的原野上将要竖起的通用汽车城设计提供了最可靠详细的地质资料，也是我作为自由项目经理人后事业良好的开端。

"拷机一响，黄金万两"的笑谈与"侬不要太结棍"的谬赞在那个时代流行，但真正的实力是要经过破土前的孕育。改革开放的号角吹响了中华大地，时代弄潮儿各显神通，一时间，人们纷纷涌向深圳和上海，带着淘金的梦想，一批又一批的人们离开了家乡，怀里揣着身份证，还要拥有的就是一张见证这场改革的暂住证。岁月在这里烙下了无法磨灭的印记，每一片原野，每一幢高楼，每一条道路，似乎都在诉说着你我行进的永恒。

时机的把握

每个人的成长道路注定都不同。生活教会了我们很多，也许你会记恨一些人，也许你会忘却一些事，但你所记住的，我想，更多的应该是美好。在我的人生中，诚信是我长久坚持的信念。我不仅这样要求自己，也这样要求与我共事或与我合作的人。诚信也是一种无形财富，它给我带来了许多荣誉和收益。

1997年，随着我个人综合能力的成长，我所做的项目也从以劳务为主转向了同业主直接签订合同与劳务作业共存的局面。在校友的共同协助下，我们一起成为X公司的小股东，同时，我的生产作业队伍不断壮大，从起初的几个工人发展到近三十个工人，钻机机械设备也从一台逐渐扩展到六台。1998年，上海开始实行引进人才居住证制度，在上海X公司领导的支持下，我顺利地领到了我的引进人才居住证A证，从此告别了暂住证的年代。

古语云："天有不测风云，人有旦夕祸福。"正当我的事业蓬勃发展之时，由于我轻信了一些无良商人，先后被他们卷跑了三十多万元工程款。当时这三十多万元可以购买一套很大的房子了，这给我造成了极大的困扰。我亲自去要过债，请讨债公司去讨过债，也打过官司，为此我还努力学习过相关法律法规。但由于对债务人缺乏有效的法律控制手段，最终虽然赢了官司但依旧没要回自己的血汗钱，也丢掉了人生的第一桶金。这让我逐渐学会了取舍，对于那些不可靠的业务我不再承接。从那以后，我所承接业务的费用基本都能及时收到，我心里时常默念："感谢那些帮助和支持过我的朋友，感谢勇敢又豁达的自己，感谢默默付出的家人！"

2002年，上海蓝印户口即将取消的消息传遍了街头巷尾，我趁着最后的福利未消失之际，在老婆大人的权衡利弊下，买下了位于闸北区（现静安区）的一套房子。尽管买这套房子还差一点钱，但好朋友夫妇非常豪爽地借给了我五万元钱，我们得以顺利地交清了全部房款，次年，又顺利地拿到了房产证。看着那有如书本一样大小的房产证，毕业后近十年的往事如同放电影一样从我脑子里走过，

"兄弟情深",可又有几个人能做到真正的兄弟情深,又有几个人能够理解兄弟情深的内涵?

2004年是我业务量急剧上涨的一年,我先后取得了几家较大房产公司的工程业务,业务模式也从较单一的勘察,发展成勘察、岩土设计与岩土工程监测一条龙服务。由于我工作认真、服务及时、为人诚恳正直,我与多个业主成了谈得来的朋友。作为一个理工男,我从来没有丢下我那最接地气的专业,一本本技术报告在我不断敲打出的键盘声中完成。人生的阅历有时真的不太好体现,从助理工程师到工程师,又从工程师到高级工程师,或许这一套变迁的职称证书才会证明你工作的业绩,时代的机遇终究不会忘记给有准备的人。

奋斗虽是主旋律,但有那么一段时间,一切都是那么平静,一切又那么怡人。想在平淡中去追求一点进步,追求一种自我的超越,有时真的很难,温水煮青蛙式的发展方式渐渐抹除了我内心那一点残存的上进心。麻将或许在某人的某个人生阶段有着特殊的诱惑,有一段时间,从下午三点到凌晨一点似乎是一种魔咒,让人无法摆脱,家人的规劝也无法让我及时休战。突然间有一天,我觉得这种生活状态会把自己带到一个毫无生机的深渊,便基本终止了这项既劳民伤财又百害无一利的活动。

"成也萧何,败也萧何。"起步阶段,我老家来了一群亲戚帮忙一起干活,他们有的学会了开机器,有的学会了编录,大部分人都成了勘探工人,大家同甘共苦,相处倒也十分融洽,更重要的是,在他们的协助下完成了一个又一个的项目。后来,我的业务渐渐做大了些，也不知是什么原因，这些人开始东家长西家短地喋喋不休，互相之间明争暗斗，到了工地不再是想着如何把活做好，而讨论最多的是老板在这个工地又要挣多少钱了，继而开始弄虚作假，不断制造出许多麻烦。处理这些麻烦需要花费大量的精力，而且这些麻烦对我的声誉也会产生较大的影响，我的心里渐渐萌生了退意，好几次都想把队伍解散。到2006年年底，由于他们又一次工作失误使得一个项目的费用被扣除了一半，我痛下决心，解散了全部工人队伍，并将设备基本卖完或转给了他人。虽然有点舍不得，但最终还是彻底地了却了一桩烦心事，从此，闯天涯的我不再有更多的牵挂。

在我奋斗的这些日子里，也培养了一批专业技术工人。队伍解散之前，我常常将来不及完成的活分包一些给其他小老板。我的队伍解散后，所承接的业务继续分包给他们做，也扶持了一些新的小老板，他们都是做野外劳务工作。久而久之，我在这个行业里扶持和造就了一批行业劳务分包中坚力量。解散的人当中，掌握技术的都很快找到了合适的工作，分包小老板在我后来所承接的任务要求完成时间紧迫时，也都会念着旧情，优先安排人手和设备来完成我所承接的任务。这也许是另外一种意想不到的收获吧！

2006年11月，一辆黑色轿车在沪宁高速公路上飞奔，上海、苏州、无锡、常州、镇江、南京、滁州、明光，一块块路牌从车窗外掠过，"一层层梯田一层层绿，一朵朵白云绕山岗"。尽管车窗外的景色优美迷人，但车内的我却不为之所动，一心只想着早点到达此行的目的地。历经四个多小时的驰骋，下午五点一刻终于抵达了蚌埠。我先回到岳父母家探望二老，然后便和司机小钱一起找了个宾馆住了下来。次日，八点半我便来到单位办公室盖章取证明材料，接着又到当地公安局、社保中心依次办理了相关户口调出手续。看着手里的户口迁出证明及社保、工作调出证明等材料，此时，我的心里却出奇的平静。十五年社会大熔炉的历练，让我早已练就了一颗宠辱不惊的心。12月，办好了所有入职手续及上海市户口，新上海人里便增加了我们一家三口。有道是"无限风光在险峰"，多年的拼搏换来了又一次的美好。

正式调到上海M公司工作的第二个年头，新单位正好处在改革的转型期，发展已成为新单位的第一要务。为了增加营业收入及合同产值等，在龙院长等几位院领导的决策下，准备成立一个专门从事岩土工程施工的部门，经推荐、考核、班子会讨论一系列程序后，最终我被任命为工程部经理兼任单位副总工程师。在单位领导的鼎力支持下，在部门员工的集体努力下，我们部门每年都超额完成单位交给的任务，为单位做出了积极的贡献。2012年底，龙院长光荣退休，上级单位慎重权衡，最终没有从单位原有班子里选拔新的一把手领导，而是从集团公司派来了一位新领导。2013年4月，新领导经过多方考察和调查，认可了我的人品及才能，短短两年时间，我先后被任命为市场总监、常务副总经理、总经理。单位也在新一任领导班子的带领下，在阳负责的经营部，琼和燕管辖的市场部，华、辉、龙、远领军的技术部，秀管理的财务部以及芳负责的办公室等部门及部门人员的通力协作与共同努力下，在行业兄弟单位领导的无私帮助和支持下，先后中了多个地铁勘察大标，并在多个领域市场及全国多个市场取得了良好的战绩，勘察、岩土工程设计、工程测量及监测业务都取得了快速突破和发展,员工收益也随着单位的发展得到了极大的提高,单位声誉也在这新的发展壮大中稳步提升。

烈日不曾烤焦你的丹心,泥水无法击垮你的灵魂,挫折怎能磨灭你的意志,岁月不会忘记你的忠诚……是的,唯有岁月能够见证你的衷情,尽管它也是一把"杀猪刀"。

进入注册模式

行业以何种方式运行,总是与国家层面的行业政策息息相关。政策到底是刚性的还是柔性的,我们无法也无能力去探个究竟。在我看来,政策执行都是刚性的,容不得半点马虎,这固然是行业发展的需要,若同一件事情存在两种甚至几种运行标准,恐怕也是一种资源浪费。

在我们这个行业,是以实际工作能力水平为考核标准还是以考试能力为标准,常常因为政策的不同而引来人们争论纷纷。努力考试、持有注册证和岗位证就可以衣食无忧,甚至出现了通过考取多张注册证书而致富,以及连出租车司机都踊跃参加工程建设行业岗位证书考试的现象,这是对经过专业学习而取得毕业证并日夜坚持战斗在本专业一线工作岗位上人们的一种极大讽刺。一个工作了近一辈子,依然在兢兢业业工作的高级工程师的收入,远远低于刚出校门没几年而考得注册证书的年轻人挂靠证书的收入,这种状况深深地刺痛着老一辈从业者的心。一段时间以来行业注册两张皮的现象也对人们的诚信产生了极大的不良影响。

2002年开始,各类注册执业及持证执业开始在国内施行,一时间,注册考试及职业资格考试盛行,各种针对此类考试的培训机构也如雨后春笋般层出不穷。当时我似乎还没有觉醒,成天忙碌在自己的一亩三分地,宛若外星之人。

从小就不爱读书的我,在工作了十多年后更是无法静下心来背书诵文,一是由于多年在外漂着,无良好的工作学习的环境和氛围;二是由于注册岩土工程师免考基础的条件之一是1989年之前取得本科学历及学士学位,而我却是1991年毕业,总觉得既要考基础又要考专业,起码也得花上好几年时间,感觉特别麻烦;三是始终把完成繁重的工作任务摆在首要位置。这样一拖就拖到了2008年,由于工程施工项目管理已经开始实行注册建造师制度,单位要保持施工资质就必须至少要有五个二级及以上级别的注册建造师,我作为企业施工技术负责人,不得不参加注册建造师考试。

一天十几个小时的工作,再加上一周两三次的应酬,过了不惑之年的人想要无牵无挂地复习迎考肯定是一种奢望。但开弓没有回头箭,有空闲的晚上就得摊开书本进行修炼。功夫不负有心人,2008年9月,我顺利通过二级建造师考试。为了能达到工程项目管理的更高级别,2009年及2010年,我又花精力研读书本,成功拿到了注册一级建造师证书。

2012年7月的海南,无遮无挡的文昌卫星发射基地在建一号工位场地上，烈日下的温度已经接近40摄氏度，工人们挥汗如雨，为珊瑚礁粗砂地层与花岗岩中风化带交接处止水而设计的高压旋喷桩施工工作正在紧张地进行。要确保旋喷桩的质量，必须先进行引孔。对于一个深达22米的发射场基坑，止水是保证基坑开挖成功的关键工序。然而，珊瑚礁粗砂地层的不断坍塌无法保证高压旋喷桩引孔顺利进入中风化花岗岩岩体内0.5米的深度，也就意味着高压旋喷桩无法旋喷至预定设计深度，止水工作也会因此而失败。经过一次次引孔失败，工人们只好暂停旋喷桩施工工作，焦急地等待我的到来。下午3点10分，我坐着黑色桑塔纳驶入工地现场，领头的现场负责人赶紧跑了过来，我下了车，随他们一行人先到办公室听取现场情况汇报。

到了办公室，现场负责人将整个施工过程及出现的问题做了详细汇报。听完汇报，我对如何完成旋喷桩引孔工作已经有了一个完整的方案。在现场负责人的陪同下，我们一起来到了施工现场机器旁。由于珊瑚礁粗砂极为松散，无黏结力，无法保证孔壁的自立性，另外，珊瑚礁粗砂在停钻换杆时会迅速沉淀，这样的特性会导致换杆工作无法完成，最终导致无法钻至中风化花岗岩预定深度。针对这种特性，首先，我让现场施工人员调整泥浆比重，确保钻孔孔壁不坍塌和孔内钻进产生的大部分粗砂都能被泥浆带到孔口外；然后在换钻时，采取在所新加钻杆顶部插入外接水管进行通水，确保所换钻杆顶部能够下到孔口板位置，再将水管拔出，接上钻机的主动钻杆进行下一回次的钻进。如此循环，直至钻至预定深度并取出中风化花岗岩岩芯。极其简易的工艺变更，取得了良好的工作效果，顺利地解决了一个岩土工程施工难题。究其深层次的原因，是施工技术人员只知其然而不知其所以然也。

在本该学习的年华，我却把业余时间都留给了麻将，当青春的尾巴无法抓住的时候，突然又想起了青春。2011年，我又加入了注册岩土工程师执业资格考试的大军，已丢了多年的基础课程闯入了我四十五岁的生活，"十年寒窗，一朝功名"的时代早已云飞天外，"活到老，学到老"已无声地在这个信息化时代里流行。白天工作，晚上读书，坚持是一种毅力，三个月的紧张学习化作了考卷上的代码符文。开榜的日子终于来临，我的分数居然在及格线以上，几个月等待的焦急一下子烟消云散。

顺利通过基础考试，又让我重新燃起学习和考试的激情，2012年，我开启了注册岩土工程师专业考试的旅程。思维及反应迟钝为考试平添了许多困阻，几个月夜晚的努力终究要在早已计划好的两天内予以检验。又是几个月漫长的等待，张榜后的心情似乎比阴雨天还要阴沉，但毕竟经过了几十年的苦难修行，无论何种挫折也无法让我消沉，成绩公布后的次日，我就跳到三界之外。日子依旧在斑驳的树影中溜走，春日的温暖与冬日里的寒冷掩藏不住夏天的成长和秋日的收获，注册考试毕竟不是生活的全部。2013年、2014年、2015年，连续三年的秋季，我都拖着沉重的书箱，踩着秋天的斑斓，在两天里的十二个小时静静地将答案书写在试卷纸上。秋天收获的喜悦似乎都是别人脸上的，我连续三次的考试成绩都止步在及格线之下。

对于注册证书的使用，我们都有自己的理解和原则。我从来不将我的注册证书出借和挂靠，因为真正的劳动收入才会让我获得安心，也会让我在这纷繁的世界里获得一种淡定和从容。一个人的一生究竟要去考取多少证书，恐怕连考取证书的本人也无法做出决断，人所处的环境和所从事的职业以及决定我们前进方向的政策，在很大程度上决定着我们到底要取得多少执业证书和职业资格证书，但愿人生不要被证书所累，但愿老百姓的生活不要被那些无重大意义的本本所围困。

生命还在继续，奋斗还在进行。王者荣耀的世界里满是历史英雄，而我只想做一个平凡的舵手，在现实的世界里航行，注册属于我的真情。

花开听得见

世界从来不亏欠任何人。无论你是生在帝王之家，还是生在平常百姓之家，只要你努力前行，一定会看到一片属于你的美景，正如清代袁枚在《苔》这首诗中所写："白日不到处，青春恰自来。苔花如米小，也学牡丹开。"你曾经所历练的，一定会在积累到某一阶段的时候，成为你人生不可或缺的财富。

夏日夜里，露天旷野的水泥地上，几张极其简易的钢木折叠床上，几个黑乎乎的身影静静地躺在上面。没有蚊帐，没有灯光，蚊虫肆意地飞行，这几个人似乎生来就不怕蚊虫，沉睡的鼾声在寂黑的夜里回荡。冬日里，北风携带着哨音掠过头顶，蹲在桩基检测梁架下的我全神贯注地盯着千分表上的指针，手里记录簿上及时准确地记录下指针所指的数字，轻轻描绘，几个小时的记录成果在厘米纸上变成了优美的弧线；春光万里，上海浦东的广阔大地上，绿树成荫，百花争艳，蝴蝶绕在我身旁不停地飞舞，置身于美景中的我却只顾指挥着一百五十米深度的波速孔下管测试工作；秋风阵阵，空气中飘逸着粮果的浓浓芳香，远处一片金黄色的稻穗随风点头，似乎在向我展示它们幸福的笑脸，近处海面上白色的浪花层层叠叠，互相追赶着，欢笑着，一排排施工的机器发出巨大的轰鸣声，我们设计的作品不断生成。从春到夏，从秋到冬，年复一年，一往情深。

2007年的时候，经一个朋友介绍，我接触到了上海世茂深坑酒店项目。上海世茂深坑酒店项目位于上海市松江区佘山区域，酒店的深坑是以前日本人开采石头留下的巨大采石坑，直径达一百多米，深度达七十多米，整个施工建设过程中涉及边坡稳定、地基稳定、工程凌空作业、顺坡面锚索、嵌岩桩等多个岩土工程问题。这些问题都是教科书上难以寻找得到的难题。我作为高边坡稳定性分析勘探工程勘察单位的项目总负责人，除了做好工程地质及水文地质勘察工作外，还先后参与了高边坡稳定性分析、嵌岩桩入岩、顺坡锚索施工、廊道水下基础稳定性等技术方案的研讨和咨询工作，为该工程项目建设中疑难岩土工程问题的解决及工程建设的顺利完成发挥了关键的积极作用，受到了该项目的业主、设计、施工、监理各参建方的一致表扬和认可。该项目这些岩土工程难题的成功解决是我多年来综合性知识积累的提炼和体现。

在不算漫长的光阴里，我作为岩土工程专家，协助建设单位和施工单位处理了桩基偏斜、地基承载力不达标、地下车库上浮、房屋偏斜等多个工程质量事故，设计了相应的技术处理方案，为这些建设工程项目的顺利实施及质量纠纷的圆满解决贡献了才智。由于我们的业务所涉及的区域较多，所遇到的岩土层特性及分布特征千变万化，差异极大。对不同的地区及项目场地地层情况，是否能够正确采取针对性的措施及技术，是体现一个单位综合技术能力高低的最好见证。我与其他同事及专家积极探讨，充分利用各自的工程经验及知识，圆满地解决了一个又一个的岩土工程问题，为保障参建各方任务的高质量、高效率完成起到了积极的作用。解决各类岩土工程技术问题，需要涉及工程地质、水文地质、水利工程、市政工程、铁路工程、钢结构、混凝土结构及材料力学、土力学、弹性力学、结构力学、水力学、地下水动力学等多个专业和领域，因而平时不断地学习、应用和积累就显得尤为重要。

成功的学习来自各个方面，也来自各个阶层。从领导身上可以学到思想决策的英明，可以学到政策解读的精准，也可以学习到不同的办事作风；从专家身上可以学习到解决问题的思路，可以学习到处理问题的技术方法，也可以学习到不同专业的知识和综合能力；从同事身上可以学到工作思路的清晰，可以学到为人处世的高风亮节，也可以学到勤奋学习的精神；从朋友身上可以学到真知灼见，可以学到"达则兼济天下"，也可以学到"穷则独善其身"；从一线技术工人身上可以学到工艺的优化，可以学到工序的安排，也可以学到现场操作技术。一个知识面不是很广的人，一个思想不是很深邃的人，只要用心去听，用心去想，用心去做，一定会成为一个思想豁达和学术渊博之人。

每每成功地为相关单位解决了技术难题，我内心的自豪感就油然而生，因为成功的背后还有许多真心英雄，他们就如同小花赖以生存的大地、阳光和雨水一样，润物无声。

思想的碰撞产生的火花，足以震撼人的心灵。闲暇时光，三五个朋友聚在一起，喝茶聊天，从远古哲学谈到当今思想，从行业标杆谈到自己的单位，从前沿技术谈到自我现状，从国家战略谈到现代家庭，从欧美谈到中东，从佛学谈到文学，应有尽有，虽有认知不同，但也是彼此和而不同，绝不会非要对方完全接受你的思想，因而在彼此交谈中会有所改变和有所认同，常常会相得益彰。

我们依然努力前行。我们都深知，只要你还活着，人生就没有终止的彼岸。我们这一辈子要去和许许多多的人打交道，也要去处理很多很多的事情。古语云"人生不如意事十有八九"，因为你是生活在一个纷繁复杂的世界，你是一个有思想有灵魂的生物，如何去把不如意变成如意和快乐，是我们每个人都要探寻的道路。过去的辉煌或失意，都是你成长和行进过程的洗礼。定好自己的位置，在花园里、在高山上、在草甸内、在湖水中，到处都能够生根发芽，四季风吹过你站立的地方，你正在一点一点地成长。我们所经历的都会成为一种资源，成为一种动力，静下心来，好好总结自己，即使现在还不被他人赏识，自己也要学会欣赏自己，多给自己一点鼓励，多从外界吸收一点养分，你一定会发出耀眼的光华。我们坚信，有你的地方一定会生机盎然。

高山从不炫耀自己的雄伟，大海从不卖弄自己的深广。感谢成长中一直陪伴的人，感谢困境中一直支持的人，感谢刺激你努力的人，感谢给你充足养分的人。踏着自行车行驶过的小路早已变成宽阔的八车大道，曾经工作过的城市也尽显昌盛繁华，现在工作的城市更是风光迷人，无论优点还是缺点都已被归入大海星辰。单位是你赖以停靠和重新出发的港湾，单位是你得以生存和发展的平台，从一个单位到另一个单位，每一步前行都栉风沐雨，每一次成长都爱意深浓，过去的点滴已汇成心灵的音符，正弹奏出华彩的乐章。

　　"时光不语，静待花开。"等待是一种修行，时光才是最好的陪伴。当我们专心欣赏花儿的美丽之时，也请我们静听花开的声音。每个人都是一朵香艳的花儿，每个人都有一段开花的故事，我们生活的世界才会姹紫嫣红。

第四章

读懂诗里的故事

在我们的心中,都埋藏着一种浪漫和温情,都埋藏着一种感伤和眷念。诗词承载着上下五千年的灿烂文化,诗词把我们带入唯美的画面,诗词把我们带入崇高的意境,我们会为他人的诗作赞叹,也会为自己写下一点心境。

理解诗情画意

无论唐诗宋词，抑或现代白话诗，其所描述的大都是当时的一种情景，也展现了作者的一种意境。能够流传下来的诗词不仅语句精练优美，更重要的是能够引发读者的共鸣，即使不是生活在那个时代，读者也能够深刻领悟作品的精髓，仿佛置身于一幅绚丽的图画之中。

闲暇的时候，我总爱读一些诗词，或是写一些小诗。对于徐志摩的《再别康桥》、戴望舒的《雨巷》、席慕蓉的《如果》、余光中的《乡愁》、叶挺王的《爱情》、顾城的《远和近》、汪国真的《热爱生命》、海子的《面朝大海，春暖花开》、泰戈尔的《最远的距离》、郑愁予的《错误》、卞之琳的《断章》，想必大家都是再熟悉不过了。2014年5月，有人将这些诗放在了一起，汇聚成一篇经典篇章，同学红将它转发给了我。我在重温大师们的经典之作时，脑子里突发奇想：我们生活在节奏太快的时代，是否应该把思念与忧愁放入想象的时空？于是，我便写下了读这些美诗的读后感《如果你愿意》。

如果你愿意
——*美诗读后感*

如果你愿意
我会挽下西天的云彩

与徐志摩《再别康桥》

吹一曲悠扬的笙箫

伴你放歌黎明

如果你愿意

我会撑把油纸伞

走进戴望舒的《雨巷》

消散丁香的惆怅

让你永不彷徨

如果你愿意

我会让生命之河

冲尽席慕蓉的《如果》

种下成长的种子

让你笑颜永开

如果你愿意

我会跟你一起漂泊

忘记了余光中的《乡愁》

不去管船票海峡

陪你无忧生活

如果你愿意

我会为你铺路设桥

拥有叶挺王的《爱情》

营造一座情宫

花儿永不蔫谢

如果你愿意

我们一起去看风景

不会有顾城的《远和近》

无论你看我或看云

都是一样亲近

如果你愿意

我会为你风雨兼程

像汪国真《热爱生命》

不管寒风冷雨

伴你走过泥泞

如果你愿意

我们和海子一起感受

《面朝大海，春暖花开》

创造所有的幸福

为你购粮买菜

如果你愿意
我们并肩前行
泰戈尔《最远的距离》
根本就不存在
心近自无距离

如果你愿意
一同去烟花三月的江南
绝不犯郑愁予的《错误》
马蹄的哒哒阻止不了
纷飞的江南柳絮

如果你愿意
携手去桥上看风景
走进卞之琳的《断章》
你一如明月皓洁
如梦装饰人间

如果你愿意
陪你到地老天荒
看世间风花雪月
你灵动飘逸的秀发
便是最美的诗篇

生活有张有弛。每年春节的时候，我就乐得清闲，每每吃过年夜饭后，趁着一点酒意，我总会给亲朋好友编写一段小诗，以寄托我对他们的祝福。2015年春节，回想起夫人这么多年来的陪伴和辛劳，我情不自禁地为夫人写了一首诗，表达了我对夫人的感激和爱恋。

爱的时光

淮河两岸柳荫浓，鸥鹭轻飞水低平。
红车自行少女笑，初恋情人终成亲。
浪漫小家温馨满，十月怀胎幸福多。
一朝分娩喜书生，同心合力持家勤。
儿童已然成小伙，快乐时光依旧存。
喜气洋洋迎佳节，万里山河沐春晖。

写诗的时候，我先是在纸上拟稿，仔细推敲和修改，直到自认为用词贴切后，方在手机备忘录里形成文字，最后再认真校核一遍，确认无误后再复制粘贴发送给亲朋好友，或是发到朋友圈里。

用诗来表达情感，或许很多人已不愿尝试，但若喜爱上这种方式，生活的喜怒哀乐便有了如水般的柔软多情，如山般的青翠雄伟，多姿多彩的你便会跃然纸上。

学会为他人喝彩

在工作和生活中，总会有一些人与你很有缘分，你们常常一起欢笑，一起战斗，一起分享，他们的陪伴也时常会为你带来许多意想不到的精彩。

梅是一个极其真诚细心而又富有人文情怀的人，凡是她承担的工作，都会有条不紊地如期完成，工作之余，她常常拍些风景照发到朋友圈里。她拍的照片很有特色，春有春的色彩，夏有夏的声音，秋有秋的韵味，冬有冬的深沉。2015年5月，上海阴雨绵绵，单位的院子里绿草如茵，石榴花竞相开放。她在午后休息的时候拍了几张照片发到了朋友圈里，照片上的石榴树上花朵娇艳欲滴，树下的草坪上落下了朵朵殷红，此情此景让人有一种冲动，我禁不住提笔写下了《雨中落花》。但愿所有的美好都能留在我们每个人的心里，也祝愿每个人都能拥有一份真情。

雨中落花

窗外雨滴依墙碎，草坪落花择地红。
流年不曾随花落，春歌依然伴雨声。
道是来去无痕迹，淡香飘然驻心中。

所有的一切都在这细雨飘飞的季节化作了一个永恒，我们不能沉醉在无休止的回忆之中，所以那些记忆深处的美好如同这落在草地上的石榴红，红色点缀在绿色之中，渐渐地掩藏了起来，那份感动却永远保存在每个人的灵魂深处。

2016年，在我调到新工作单位半年后，梅和段后来也随着一起调到了新的工作单位，同来的还有鲁和君。我们很快组建了一个新的工作团队。依据公司发展的需求，我们团队又陆续招了一些人，新招的人中有刚刚毕业的研究生程和常州单位招聘来的博，团队很快就开展了全新的工作。团队工作氛围非常和谐，职责分工明确，目标清晰，大家在工作之余也常常组织一些聚会，把工作和生活都搞得有声有色。2016年国庆节期间，鲁发了一张他们一家三口在老家梨园里采摘梨子的照片。照片里的鲁风度翩翩，他夫人及女儿在梨园里显得妩媚动人。君也发了一些他们一家子国庆节游玩时美人身处美景的感人照片，红旗与彩旗相映成趣，一派祥和喜庆。为表达对国庆佳节的良好祝愿及对他们两家人的美好祝福，我为鲁和君两个人写下了两首小词。

周郎风采映朝霞

周郎风采映朝霞。曼舞臂，摘果忙。

彦士儒雅，淑女为君伤。

鲁王功名誉天下。轻吟唱，歌声扬。

国庆佳节，快乐绕身旁。

董府门前祥云绕

董府门前祥云绕。国兴旺，山河娇。
智者风度，英雄竞折腰。
君行天下德誉高。庆佳节，红旗飘。
快乐无边，扬帆新目标。

我一直提倡快乐工作法，从不希望员工加班。只要你有一套完整正确的工作方法，基本上都能高效地完成各自的工作，因此，我从不过多干涉部门员工的日常工作。大家都很努力，彼此也会相互关照。转眼，新的部门成立已近一年，2017年元旦在欢乐的气氛中来临。我又诗兴大发，为程和博写下了欢乐的藏头小诗，以此庆祝2017年元旦迎新，并表达对他们才华的赞赏。

周程优雅

周而复始万象新，百舸争流旭日升。
程门立雪传佳话，满腹经纶谁争锋。
优游恬淡频含笑，轻歌曼舞巾帼情。
雅量豁然处世事，文韬武略定乾坤。

姚博风流

姚黄魏紫不曾知，名扬四海盖芳菲。
博览古今通天下，谈玄说妙倾妩媚。
风华正茂映日月，同音共律谱新篇。
流光溢彩春常在，气宇轩昂扬声威。

及至写完这两首诗，我又趁着未完全散去的酒劲，在公司群里发了一个红包，并写下了《新年快乐！红包普照》这首颇具娱乐和欢乐气氛的藏头诗。

新年快乐！红包普照

新硎初发千帆竞，红情绿意万树春。
年来时稔喜满群，包元履德映长空。
快马加鞭催奋进，普天同庆享太平。
乐成人美君子志，照天蜡烛久为功。

2017年2月，春节的喜悦和悠闲还未散尽，设计院的哲、波及公司的鲁和我一行四人便乘坐高铁前往湖南桂东进行瓯江规划设计项目的前期调查工作。鲁和我负责工程地质调查工作，经过几天的辛勤劳作，顺利完成了相关调查。调查期间我被当地多变的气候及沿途的景色深深触动，也为哲的真诚和学识、波的细致和热情及鲁的勤奋和率真所打动。回程到达长沙机场的时候，请人帮忙拍了张照片，留下了我们四个人的合影，我也为我们的友情，为我们的相处写下了这首《一往情深》。

一往情深

一江碧水一江春，一路豪歌一路风。
一斛老酒一斛景，一片青山一片云。
一张图片一张脸，一日初夏一日冬。
一页纸书一页志，一处风景一处深。
一段时光一段话，一场相逢一场情。

多年的经历中，令我感动的人很多，令我感动的事很多，我不能全部用诗来表达。谨以以上几首小诗来表达我的感激之情，为你们那份拼搏、那份真诚竖起大拇指——为你们喝彩。

相处就是缘

人生中总有些人相聚匆匆，而留下的却是心灵相通；生活中总有些事波澜不惊，却能让人默默记在心中。这一辈子，谁也不知道将来会遇见谁，遇见的人又有谁将永不再相见。

城是一个极具事业心和上进心的八零后，年纪轻轻就当上了某集团的党办副主任，还在团中央挂职锻炼过。为增强基层实战经验，他于2012年底被派到了我所在公司担任董事长兼总经理。在他的劝导和邀请下，我进入了公司核心团队，与他一起共同谋划公司的发展。2013年7月，某地铁线路二期勘察投标工作如火如荼地进行着，这条线路总共只有三个标段，由于地铁勘察投标经验不丰富，公司计划拿下的标段落空。计划标段未中标对公司员工的信心和积极性打击都很大，城便将我和其他核心团队成员召集起来，分析了投标及单位发展的形势，最终决定必须参加最后一个标段的投标。尽管距离最后一个标段的投标开标只有36个小时，但此战关系着单位的生存和发展，也关系着单位将来在行业内的地位。我们没有退路，唯有势在必得。

我们动员了全公司的勘察技术人员，集中力量参与最后一个标段的攻坚战。技术人员编制技术标书的同时，我和城闷在办公室里演算分析和讨论标书的最终报价，经过两个夜晚和一个白天的浴血奋战，我们将装订整齐密封完整的标书于开标之日上午9点之前准时送达开标地点。经过专家评审，我们的标书最终获得了总分第一名。中标的消息传遍了公司上下，每个员工的脸上都洋溢着幸福和自信的笑容。

在城的精心谋划下，在我和同事们的同甘共苦奋斗下，公司的业绩直线上升，在业界树立起了良好的口碑，也为公司的品牌发展开辟了一席之地。2015年春节，回顾公司壮大的历程，回顾与城冲锋陷阵的时光，我写下了《因你而精彩》和《成就辉煌》两首小诗，以抒发心中的感慨。

因你而精彩

时间煮雨
蹉跎因你而无缘岁月
流水不腐
忧伤因你而远离光阴
策马奔腾
精彩因你而写入一世
洋洋洒洒
辉煌因你将抒满一屋
感谢老友
暖意盎然同游拂柳处
知遇新朋
春风满面共展新鸿图

成就辉煌

犹思骏马奔腾日，更赞矫羊奋志时。
万树争荣添翠色，五羊献瑞报佳音。
高屋建瓴凌云志，齐心协力换新春。
同舟共济擂战鼓，成就辉煌写人生。

现实并不总是那么美好，或许正是应了那一句："木秀于林，风必摧之；堆出于岸，流必湍之；行高于人，众必非之。"由于无法实现自己的鸿鹄之志，城和我双双离开了单位，各奔东西。

鱼和松所控股的公司是一个快速发展的集团化公司。我来之前已经有了监理、咨询、设计、造价、测绘、环保等业务，缺少岩土工程（勘察、设计、物探、检测、监测）及工程测量专业，所缺少的专业与我所从事的专业相同。在峰的大力举荐下，我受邀加入了这家集团公司。迎接2017年新年到来的活动上，听了松的讲话，我热情高涨，及至迎新晚宴时，我将写好的短诗发在集团微信群里，以祝贺集团公司再创新的辉煌。

再写新辉煌

宏图渐舒展，波澜画卷长。
妙手绘丹青，韵香誉满堂。
环保创智库，汀滢声名扬。
泓源弹妙音，勘测显圆方。
咨询献佳绩，开拓斗志昂。
信息特色化，高科专利强。
四轮共驱动，两翼齐飞翔。
同心谋发展，再写新辉煌。

辉也是个八零后，是我的顶头上司。他为人义气豪爽，有自己的鲜明个性，平日里与我的交流沟通总会有时代的气息相互碰撞，但对员工、对我都非常友好和关心。2015年我进入公司组建勘察院以来，得到了他和其他上级领导的大力支持，公司每年的业务量稳步提升，技术及管理水平也跃上了一个新台阶。2016年中秋佳节来临之际，我用笨拙的笔草拟了一首中秋贺词，后略经修改，发布到公司的微信群里，以祝愿公司前程似锦，祝愿员工快乐幸福。

贺中秋

泓潭清澈，源远流长，旭日东升聚英才。

展宏图波澜壮阔，望前程似锦如画。

一马平川，帆自张扬，月圆天下庆佳节。

风动迷人好秋色，流连多少真豪杰。

顺流直下蓬莱处，与君痛饮，醉了乾坤岁月。

生命虽然短暂，但彼此都要活得精彩。在雨后的天空，画出一道绚丽的彩虹，不管是否遇见了你不该遇见的人，相逢是缘，相守是分，聚散两依依。

什么让你魂牵梦绕

总有些人让你牵挂，总有些人进入你的梦乡，无论是活着的或死去的，他或她一定是你灵魂深处的幸福或痛楚；总有些事让你难忘，总有些地方让你感到亲切，你会因此而懂得人生无常，更会因此而珍惜当下。

我父亲因胃癌在香港回归之前不幸离世。仔细想想，生活似乎未曾在他生前给予他多少惠顾，但父亲却有一种胸怀天下的气魄，无论是遇见什么困难，他总是笑颜面对，即使是被批斗身处关押的牢房里，也总是不断鼓励我读书学习。等到熬过艰难的岁月，在我们兄弟姊妹四人都已成家之后，本该享受美好幸福的天伦之乐时，他却因长期劳累和节衣缩食而罹患胃癌。我曾经跪在父亲的坟墓前，想让所有的悲伤都随那泪水流去，然而事隔多年，这种酸楚和疼痛依然在我心里涌荡，每年的佳节来临或者清明前夕，父亲的音容笑貌便会闯入我的梦中。

2017年3月，又是一年清明，我又回到了绿水青山的故乡。给父亲上坟祭拜完毕，思绪绵绵，《回乡偶感》便寄托着我的牵挂跃然纸上，为逝去的父亲，为难忘的故乡，为不朽的灵魂，献上我最真心的吟唱。

回乡偶感

杜鹃啼血映山红，青山碧水伴忠魂。

油菜花开又一季，悄然回乡是离人。

堤岸垂柳今犹在，耳畔失闻柳笛声。

半夜不眠无愁事，思绪绵绵终有穷。

父亲的爱伟岸如山，母亲的爱柔软绵长。我的母亲心地善良，从不与乡亲们吵架拌嘴，能帮助他人的事都会去尽力帮忙。在最困难的日子里，母亲宁愿自己缺吃少穿，在每年过年前总会想方设法给我们几个孩子每人扯上几尺土布，然后拿土颜料或锅灰给布染色，再拿米汤浆洗，最后裁剪做成衣服，这样大年初一的时候，我们便能穿上崭新的衣服了。尽管当时家里的条件很差，但在父母亲的关爱下，我们都非常快乐。"每逢佳节倍思亲"，中秋佳节来临的时候，我总是想起居住在故乡的母亲，一同想起的还有门前屋后的树木及挂在枝头的柿子，一幅幅儿时故乡的画面从脑海里依序翻过，一首新词《故乡行》便一挥而就，借此祝福母亲生活怡然快乐！

故乡行

南山陌，枫叶红，几处柿子金黄。

极目西望，金浪重重，斜阳照苍岩。

东隅里，菊花白，满目桂树翠绿。

凝神静听，秋风羞涩，不忍惊残荷。

春花笑语秋千上，两小无猜。

秋月桂花酒香处，谁在伴嫦娥？

无论用多少诗词，恐怕也无法道尽我们每个人心中那份属于自己的孤独和思念，父母亲用他们无私的爱教会了我们怎样去尊重他人，教会了我们怎样去拼搏和前行，教会了我们如何去看待生死，如何去热爱生活。这种血浓于水的亲情，是无法用回报两个字来描写的，也许时间会将一切磨灭，但在我们还能呼吸的时候，这份热恋和牵魂永远会刻在那青青的山岗上，流淌在涓涓的溪水里。

大学，有令人无法释怀的生活，更有无法忘怀的一群人。毕业后的聚会一般很难让所有的同学都到齐，要么身体抱恙，要么工作繁忙，要么孩子得培养，而最让人嗟叹的则是有些同学英年早逝，永远无法相见了。2013年9月，为了筹办班级同学上海站聚会，也为了鼓励同学们都能参加，我在同学群里发布了《聚首何须待他日》一诗，同学们纷纷响应，一下子就有二十多人报名参加上海站的同学聚会。

聚首何须待他日

金戈铁马战秦关，秋色平分走天涯。

同窗共读今犹记，学为所用始见长。

聚首何须待他日，会于申城话桑麻。

2013年国庆节后的第二个星期五，同学上海站聚会如期举行。同学们个个笑逐颜开，仿佛又回到了大学时代，彼此相谈甚欢，临分手之前大家还确定了下一次聚会的时间和地点，也确定了聚会规则。12月，上海站聚会的相册制作完成，我给参加聚会的每个同学都寄去了一套，自己也反复翻看着相册，在QQ空间时光轴里发表了一番感言："看到同学聚会的相册，仿佛回到了那轻舞飞扬的青春，有过喜悦，有过悲伤，但留在心里的永远是那份美好！人生短暂，我们该如何走完这短短几十年？或许我们不能成为伟人万古流芳，我们最重要的是活得踏实，活得健康，有亲人和朋友，也就足够了！"

　　及至2017年11月，同学湖南站聚会时，班级里不幸有三个男同学永远离开了我们，离开了这个世界。在深深缅怀逝去的人时，我们该怎样去过好自己的人生，这个古老而又沉重的话题又一次清晰地摆在了你我的面前。不过分追逐名利，不随意伤害身体，活着的我们应该平静和平淡地过好每一天，一如我多年前在冬天里写下的《留下一片情》。

留下一片情

　　细雨声声急，落叶自飘零。
　　皆言冬日冷，不知春又近。
　　岁月有四季，人生亦浮沉。
　　浮华终退去，留下一片情。

是的，生活在这个时空中的你我，大概谁也无法摆脱情感的牵挂。也许在某个时刻，你就会因为某一个场景或某一段文字而勾起你情感的神经，或潸然泪下，或会心一笑……因为在我们每个人的内心深处，都有一段魂牵梦绕的经历。

生活值得歌唱

生活就像一首歌，歌中有幸福、快乐和吉祥，也有痛苦、忧愁和感伤，歌中有希望、拼搏和成长，也有失望、挫折和迷茫，但不管怎样，我们都应该勇敢地歌唱。美好会因为你的歌唱而飞入你的生活，就如同只要你打开窗，阳光就会洒满你的花房。

地质或岩土工程专业，需要极其耐心的学习，也需要刻苦的钻研，经验积累和理论把握都显得尤为重要。刚刚出校门的人一定得虚心学习钻研几年，甚至十几年，方可掌握基本理论和实战经验。不仅如此，还要学会变通，针对不同的地质条件和工程问题，要学会因地制宜和灵活运用，才可解决实际工程问题。地质人都有一种向往美好的情结，也喜欢把心中的一切快乐歌唱出来。我就是这样一个人，开心的和不开心的事都会写成诗词吟唱，久而久之，便养成了一种独特的排忧解难方式，生活也变得更加充实与欢乐。我所吟唱的生活诗歌经常会发布在QQ空间生活时光轴或说说里，有时也发布在微信朋友圈里。现将其中的一部分摘录下来,以此表达我对生活的热爱。但愿这些诗歌能给朋友们带来幸福和愉悦,或者作为茶余饭后的消遣。

把大地装入心中

三脚架龙门架人字架
架起了美好的希望
太阳尚未升起
冬日的风刺着脸
你的身子不曾因寒冷而蜷缩
剥开人类之源的岩土
从第四纪到亘古的震旦
你的心里
写满了崇高与敬仰

我们栖息的巢
一直感谢不朽的承载
风暴诉说着不变的尊严
地震目睹着这远古的变迁
经历了历史的固结
熬过了新鲜的剪切
如今的终将加入古老的队列

一行行工整的铅字

一排排侧卧的岩芯

都镌刻着你的曾经

辛苦似乎从未来过

惆怅也早已变成了歌唱

因为你早已

把大地装入心中

农庄拾话

闲来无事下农庄,稻穗金光依斜阳。
深潭倒映秋枫影,竹林深处忆故乡。

雨中即景

细雨沁花蕊,轻烟绕车轮。
伞遮伊人面,焉知伞下人。

忆芳华

八七入西安,九一志四方。
风雨二十二,日日为梦忙。
功成名就日,可曾忆芳华?

问自己

夜总是在迎接黎明

黄昏总是在等待夜的降临

花儿因绽放而美丽

但孕育的寂寞

你可曾感慨

生活因成功而精彩

在掌声过后

你是否愿意

享受那久违的安宁

生活是奔流的河

生活是奔流的河

童年的欢乐纯真如歌

父母的爱兄妹的情

让生活之河如此甘甜清澈

生活是奔流的河

少年的理想五颜六色

老师的爱伙伴的情

让生活之河如此妩媚婀娜

生活是奔流的河
青春的色彩飞扬蓬勃
同学的爱朋友的情
让生活之河如此波澜壮阔

生活是奔流的河
中年的乐章悠扬悦耳
家庭的爱同事的情
让生活之河如此风姿绰约

生活是奔流的河
岁月的成长美妙婆娑
往事如烟真情如昨
经历就是一种快乐
生活之河渐流渐阔
无论真情苦乐都是动听的歌

空荡的房间里,独自一人,吟唱声婉转悠扬,生活就应该充满着歌唱,苦乐年华。

相忘于江湖

《庄子·大宗师》云:"泉涸,鱼相与处于陆,相呴以湿,相濡以沫,不如相忘于江湖。"人生亦有很多无奈,若是艰难地相处,倒不如真的各奔江河湖海,获得一种自由,获得一种解放。

2010年,"江湖"一词流行,一则因小沈阳演唱的《大笑江湖》——"江河湖海浪滔滔,看我浪迹多逍遥,谁最难受谁知道……"歌词朗朗上口。二则因网络用语"人在江湖飘,谁能不挨刀"。我也学着年轻人的样子,开创了自己的"江湖"诗篇,对时事热点及自己的心情都有过混迹江湖的描述(这些诗主要写于2010年至2013年)。

江湖(一)

江河湖海浪滔滔,置身江湖乐逍遥。
天下第几不重要,快乐心情顶顶好。

江湖(二)

江涛不见初晴日,湖面长映日西沉。
风雨逍遥无所惧,波澜不惊暗流涌。

江湖（三）

江山多娇儿女健，湖海宽阔鱼虾肥。
人生无处不相识，寻找快乐任我行。

江湖（四）

粉面桃花笑依旧，秋枫更是别样红。
道是真情难寻觅，强作欢颜隐江湖。

江湖（五）

高山流水觅知音，江湖儿女多豪情。
岁月无情催人老，他乡飘零已半生。

江湖（六）

阳春白雪今何在，下里巴人亦难寻。
伯牙摔琴因子期，江湖行走识几人？

江湖（七）

三国西游取真经，水浒红楼梦莺莺。

神雕侠侣情未了，倚天屠龙化轻尘。
江湖水面平如镜，甄嬛宫心起风云。
黄岩钓鱼任我行，歼十一出谁争锋？

江湖（八）

痴人在说梦，引来众人听。
星明月朦胧，嫦娥伴我行。
迎月听江涛，送日观湖景。
一年匆匆过，梦圆有几人？

江湖（九）

腊月梅花映白雪，华山论剑数英雄。
千帆竞渡江流里，渔歌唱晚湖心中。
岁末年初终有聚，多少惆怅杯斛中！

江湖（十）

雁南飞，雁南飞，他乡游子几时归？
情难却，情难却，江湖情仇犹未绝。
意绵绵，意绵绵，龙归大海迎金蛇。
燕儿归，燕儿归，柳树发芽花吐蕊。

共举杯,共举杯,人生难得醉几回?

江湖(十一)

江龙归大海,湖蛇隐苍穹。
欢歌神州里,聚首杯斛中。
春晖共沐浴,节日齐映辉。
快马催奋进,乐享盛世平。

江湖(十二)

三魂半落身开外,五魄尽离体关中。
江心寒冰待春日,湖面碧波涤心尘。
世事日新笑依旧,迎来雏凤映彩虹。

混迹江湖大半生,然而真正的知己能有几人?回想所经历的人和事,感叹良多。一个要求自己诚诚恳恳做人和兢兢业业做事的人,当然也会希望别人和他一样诚恳。然而现实是无情的,人性是实际的,无论是阳春白雪,抑或是下里巴人,又有谁能够与你共同吟唱呢?

老师云:"江湖险恶,慎入为上。"学生云:"人在江湖飘,挨刀就挨刀。"真是扯不清的江湖。

第五章

记住陪你喝酒的人

"抽刀断水水更流,举杯消愁愁更愁。"这句诗鲜明地告诉我们,来一场宿醉忘却苦恼,只是一种一厢情愿的幻想,酩酊大醉能让你遗忘的只是酒醉到酒醒的那一段沧桑。然而,我们的生活中还是充满了"李白斗酒诗百篇"的传说,在我们的生活中也许还有那么一点真实。无论是酒味绵醇还是酒香四溢,都掩盖不了酒的那份辛辣和迷幻。

了解一下酒

在冬日斜照的夕阳里,三五个朋友煮一壶小酒,怡然自得的时候,我们不免会探讨酒文化的起源。

据有文字记载以来,关于酒的起源便出现在许多典籍之中。明代文人周旦光的《蓬莱夜话》及李日华的《紫桃轩又缀》中都提到猿猴造酒的故事,清代文人李调元在《粤东笔记》及陆柞蕃在《粤西偶记》中也叙述了两广猿猴造酒的故事。西汉刘向在《战国策》中讲述了仪狄造酒的故事,而杜康造酒之说也流传甚广,还有黄帝造酒之说。不管是何种传说,究其根本,酒最早并不是真正意义上的人类造出来的,而是人类发现了这种液体,进而了解了其形成的原因,再人工刻意酿造,最终开始出现在人类的餐桌之上。

酒文化源远流长,在中国,酒文化的传承已有五千多年的历史。周代开始,便有专门管制饮酒的法规《酒诰》。《酒诰》严申禁止群饮和崇饮,违者将被处罚极刑。《诗经》《仪礼》《酒戒》《酒殇》等各类描述饮酒者的百态、饮酒仪式、劝诫饮酒等的文章比比皆是。国人更是将酒的作用发挥得淋漓尽致。大家耳熟能详的西楚霸王项羽所设"鸿门宴"、宋太祖赵匡胤"杯酒释兵权"以及《战国策》里仪狄造酒的故事都深刻刻画了酒与政权的关系,有因酒而成功者,有因酒而失败者,也有因酒而觉醒者,一场酒宴足以改变一个朝代,可见酒的威力无比巨大。酒与文人及文学作品的关系也是水乳交融的,许多千古绝唱都提到了酒,抑或是作者在酒后诗兴大发而留下的。王维《少年行》(其一)诗云:"新丰美酒斗十千,咸阳游侠多少年。相逢意气为君饮,系马高楼垂柳边。"诗人把饮酒的场景与少年游侠的风采写得灵动飘逸。而杜甫在《饮中八仙歌》中的"李白斗酒诗百篇,长安市上酒家眠。天子呼来不上船,自称臣是酒中仙"的精彩诗句,则把李白酒后的才情描绘得一览无余。

酒与人性密不可分。曹操在《短歌行》的开头写道:"对酒当歌,人生几何!譬如朝露,去日苦多。"可见伟人也有感性的一面,也会哀叹人生苦短。杜甫有诗云:"剑外忽传收蓟北,初闻涕泪满衣裳。却看妻子愁何在,漫卷诗书喜欲狂。白日放歌须纵酒,青春作伴好还乡。即从巴峡穿巫峡,便下襄阳向洛阳。"杜甫在这首诗中借酒放歌,毫无掩饰地表达了自己欣喜若狂的心情。

酒如人生,人生如酒。有人将女人比作酒,"有品位的女人,甘愿陈酿自己,锁住芬芳,等懂她的人来开启,一生只爱一次,用生命解读自己。而耐不住寂寞的女人,酒色琉璃,醉一场,梦一场,杯碎,洒落一地的酒汁,无人拾掇"。酒能乱性,男人爱酒,酒喝多了,醉话就多了,假话也就多了,演绎着铿锵的誓言。酒醉的男女,都渴望燃烧,渴望有一场生命的绝唱。

喝酒大致分为宴席类、商务类、聚会类和接待类四大类。宴席类主要有婚宴、丧宴、谢师宴、百日宴等,商务类分为小众型和大众型,聚会类有同学聚会、朋友聚会、亲戚聚会等,接待类则分为政府公务类、企业公务类、会议公务类等。

酒本身种类繁多,分类方法也不一致。一般来说,可按照酒的酿造方法、酒度、原料来源、总糖含量、香型、色泽、曲种来进行划分。酒按酿造方法可分为发酵酒、蒸馏酒和配置酒，按酒度可分为低度酒、中度酒、高度酒，按原料可分为白酒、黄酒、果酒，按总糖含量可分为干型、半干型、半甜型、甜型、浓甜型，按香型可分为茅香型（酱香型）、泸香型（浓香型）、汾香型（清香型）、半香型及其他香型，按色泽可分为浅色、深色、黑色、白色、红色、桃红色，按曲种可分为大曲酒、小曲酒、麸曲酒、昆曲酒及其他糖化剂酒。

讨论了这么多，也不能将悠长的酒说个明白。最后，以诗人艾青的一首精确描绘酒的特性的诗《酒》来结束我的"酒道之论"。

酒

她是可爱的
具有火的性格
水的外形

她是欢乐的精灵
哪儿有喜庆
就有她光临

她真是会逗
能让你说真话

掏出你的心

　　她会使你
　　忘掉痛苦
　　喜气盈盈

喝吧，为了胜利
喝吧，为了友谊
喝吧，为了爱情

　　你可要当心
　　在你高兴的时候
　　她会偷走你的理性

　　不要以为她是水
　　能扑灭你的烦忧
　　她是倒在火上的油

　　会使聪明的更聪明
　　会使愚蠢的更愚蠢

年少不懂酒

家乡的人都十分淳朴善良，每当在路上遇到，总会彼此问答一句"吃过了吗"和"吃过了，您呢"。如今回到家乡，他们也总会问一句"什么时候回来的"。虽说只是一句简单的问句，但那是一种真诚的招呼，一种发自内心的友好问候。

小时候，乡亲们喝的酒都是一种用坛子装的散酒。酒几乎只有那么一种，价钱都是一样，四毛钱一斤。谁家要是来了个客人或是在过年的时候，大人就会自己或是让孩子去供销社里买些酒。买酒用的容器通常是一个瓷酒壶或医院用过的盐水玻璃瓶，卖酒的用具则是用竹子制成的酒吊子。酒吊子有二两的、三两的和半斤的。吊酒时，先将铁皮做的漏斗放在酒壶或玻璃瓶口上，再将酒吊子插入酒坛，盛满酒后吊上来，然后将酒吊子对准酒漏斗，倾斜过来，将酒灌入装酒的器具中。条件差的人家一次买三两或半斤，条件好的人家一次通常买一斤，逢年过节客人多的话，也许会买个两三斤。

我家条件差，父亲也因此很少喝酒，只有在来了尊贵的客人时，父亲才会让我去打半斤酒回来，陪客人一起喝。下酒菜全是家里自己生产的，比如花生米、蚕豆、鸡蛋、鸡等，只有尊贵的客人来才会杀一只鸡的。由于家庭条件艰苦，我一直到高中毕业都没有喝过酒，因此，我也一直渴望尝尝酒的味道。

考上大学的那年，同学相互间串门渐渐多了起来，我在同学衡家里第一次喝了白酒。他家的条件很好,酒是管够的,我们一共有三个同学一起去了他家,我喝了二三两,起初只是感到很辛辣和呛人,及至后来,头便开始慢慢有点晕,酒也就不显得辛辣了。吃过午饭,同去的三个人一起往回走,由于头晕且只顾着讲话,一个不小心,脚底踩空,我掉进了路边农田旁的粪窖里,弄得一个裤腿上全是猪粪,只好跑到附近的水塘边,将整条腿放进水塘里清洗干净,好在是夏天,并未影响回家。到大学报到的前半个月时,父母亲将前来给我送行的亲朋好友召集在一起,举办了一场小型宴会,那天我第一次在正式宴会上喝了一场酒。

家乡喝酒的规矩是主人先敬每个客人一杯,接着大家相互敬酒,其间主人要再敬每个客人一杯,叫作"敬双杯",表示好事成双。客人一般也要回敬主人两杯,你来我往,主客之间要喝够四杯,表示事事如意。敬酒一般从年纪长、辈分高的人开始,接着依次是辈分较高的、平辈年纪长的。无论家庭条件好坏,在家里有喜事办喜宴的时候,主人家总是烧出一桌子或几桌子最好的菜,想方设法让客人把酒喝够,把菜吃好,把饭吃饱。

父亲人缘极好,父老乡亲家里倘若有什么争吵,总是请父亲去做和事佬。农村分田到户后,家里的条件得到了较大的改善。父亲在1985年的时候,将家里的三间茅草房拆除,新建了大三间瓦房,地基及地面一米二以下的墙都是用从山上拉下来的石头砌筑的,地面一米二以上的墙是用父亲亲手打制出来的土坯砌筑。砌筑房屋时,父亲站在两个梁垛之间,左右开弓往上抛土坯,同时供给两名砖瓦匠砌筑。上梁的日子,是最热闹和喜庆的时刻,一幅巨大的红色丝绸覆盖悬挂在顶梁之上,一阵鞭炮声后,糖果和香烟随之从梁上的砖瓦匠手里纷纷撒下,梁底下来道贺的人们欢天喜地地争抢着糖果和香烟,大家都想讨个好彩头。上梁仪式结束后,上梁喜宴便开始了,家里的亲戚和邻居们都频频举起酒杯向父母亲道喜。父亲那天特别高兴,喝得酩酊大醉,酒后许多人围在父亲身边,我第一次听到父亲演唱黄梅戏,铿锵婉转的音调久久回荡在小院的上空。

父亲去世后的头几年,母亲经常来上海小住,但总是因为生活不习惯,每次住上两三个月后,就会找出各种理由要回老家。再后来,母亲索性一个人常住在老家。每次回家看望母亲的时候,母亲总是忙前忙后,为我们烧上家乡最好的土菜。起先母亲年纪还不算老的时候,我们还能与母亲一起喝上两盅酒,后来母亲的年纪大了,她就不再喝酒了。现在回家时,母亲依然会为我们炒上几个小菜,但只有我一个人喝两盅小酒了。母亲的酒一般都是别人来看望她的时候带过来的,都是安徽本地产的酒,几十元钱一瓶,尽管在大城市里喝的酒都比较贵,但母亲收藏的家乡酒总给我一种味道更醇的感觉。

春节回老家的时候,我时常带着母亲一起去舅舅、姨妈和姑妈家。母亲每当这个时刻总是不忘叮嘱我,要记得带些什么礼物,我也从她的言语和眼神中看到了她那份诚挚的情感。无论时间怎么流逝,在母亲心里,亲戚之间的感情依然是那么纯真和友善。每次去这些亲戚家,他们总是记得烧几个我小时候最喜欢吃的菜,拿出家里珍藏的好酒与我喝上几盅,彼此谈着我小时候的趣事,引来阵阵哄堂大笑。我也深深地沉浸其中，仿佛在此刻又回到了快乐的童年。

如今，母亲及长辈们虽然年事已高，但基本都很健康，闲暇的时候，母亲与村里的老人们常常凑到一起聊天。有时，母亲为了节省开支，还时不时到附近的山上弄些柴火。每次我回到家乡，村里人就会对我说："你妈这么大年龄了还经常上山搞柴，真是好功夫。"我听了也只能报以微笑，因为我知道母亲一向很勤俭，我也知道，母亲能够适当劳作，她的身体就很健康。母亲在闲暇时除了上山搞些柴火，还在院子里种了几块地的小菜，平常她吃的蔬菜都是自己亲手种植的，非常环保和绿色有机，我们回家几天吃的蔬菜也都是从这个菜园子里采摘下来的。每次吃着母亲亲手种植的蔬菜，我的脸上都会浮现出欣慰的笑容。子女对父母亲的最大希望就是他们身体健康、生活快乐。我想，我母亲身体健康一定是由于她心情开朗和适当劳作。

时代在变迁，改革的成果也让家乡发生了天翻地覆的变化。现今的家乡早已不再是我当年离开时的模样，"村村通"工程把偏远的山村与发达的城镇联系在了一起，家乡人民的收入也是芝麻开花节节高，基本上达到了小康的水准，每家每户都盖起了小楼，宽带、电话、自来水、有线电视等装备一应俱全，恐怕是早已超越了小学课文里所描写的"楼上楼下，电灯电话"的理想情景。

我又一次坐在了家乡的酒桌上，喝着家乡的老酒，味越来越醇，"又是九月九，举起杯，倒满酒，醉倒在家门口……"

青春是否应该有酒

俗语说:"百年修得同船渡,千年修得共枕眠。"茫茫人海中,能够相识就是缘,能够相知和相交那真是前世修来的缘。

与如相识得感谢同济大学的李教授。那是1989年的夏季,如的公司有一个很小的项目需要找一家单位进行勘察。在李教授的引荐下,我和如电话里约定次日上午在他的办公室洽谈相关事宜。次日上午我如约来到了如的办公室,把勘察相关工作程序和技术要点向如作了一下介绍,接着又就该项目进行了口头报价。如是做设计工作出身的,非常熟悉工程建设程序,他听完我的叙述和报价,当即拍板将这个项目勘察工作交由我来负责完成。洽谈后的第二天我们便签订了勘察合同。项目虽小,但我们一丝不苟地做完了各项工作,按期提交了勘察报告。如对我的工作非常认可,送报告的时候,我们在他的办公室里闲聊了起来,聊到了年龄,聊到了工作,彼此谈得十分投机,从此之后,我们就成了无话不谈的朋友。

如与我是同一个属相,都属羊,他比我大一轮,像个大哥哥一样和蔼可亲。我们经常一起喝喝小酒,喝酒的地方不一定要高大上,只要环境整洁卫生就行。我们俩喝酒从不多喝,每个人喝个三两白酒,菜也不讲究,一般两个凉菜三个热菜。一场酒总归是需要一个多小时,边喝边聊,十分惬意。我总喜欢将烦恼向他倾诉,他很耐心地向我传授待人处事之道,与他聊天,总有一种"听君一席话,胜读十年书"的感觉,在他的帮助下,我的业务量和业务技术水平都得到了较大的提升。

2014年，如满六十周岁，光荣退休。如退休后的第二天，我和他小聚。如那天特别兴奋，几十年来的工作压力和酸甜苦辣在那天似乎作了个彻底的宣泄。我问他退休后有何打算和想法，他说："我没有其他想法和追求了，回家安安稳稳地带好外孙女，把自己的身体保养好，就是最大的幸福了。"是的，人工作了一辈子，总有退休的时候，颐养天年享受天伦之乐，又何尝不是人生的一大快乐呢？醉意慢慢地在我们的脸上浮现，我端起酒杯祝福他："身体健康！万事顺心！"在这祝福声中，我们结束了这场聚会。尽管如退休了，但我们的情谊一直都在，每年春节前后，我们总会相聚，把酒言欢，偷得半日清闲。

峰是个七零后，与峰的初次相识是在他的办公室里。2000年的时候，我由于业务关系相约去找忠，峰和忠是同一个办公室的同事，忠介绍我认识了峰。峰有着典型知识分子的特征，儒雅淡定，也具有很强的社交能力，很健谈很自信。勘察和设计是不分家的，勘察是为设计服务的，因而我们之间就常有业务往来，一来二去，我和峰成了倾心相助的朋友。刚认识的那一阵，峰还很年轻，过了两年，他便有了对象。他谈对象期间还和他女朋友（后来的老婆）一起来我家做客。他女朋友长得小家碧玉的，一看就知道是书香门第出来的人，为人谦恭且彬彬有礼。后来，我与峰又一起上了同济大学在职岩土工程硕士班。无论是对专业还是对社会人文，峰都研究得很深入，他已经出版了多本专著，每天坚持读书，每次出书他都会送给我一本。我和峰时常约一些朋友一起吃饭，有时我俩也会单独吃饭，吃饭时酒是必不可少的。他对各类酒也研究得比较透彻，当今市面上酒的优劣和价格尽在他的头脑之中，因此我也向他学了不少关于酒的知识。

受峰的影响，我开始深入学习专业技术知识，致力于技术研究和创新型企业发展，先后取得了一些专利，并决心持之以恒，把个人发展与社会进步密切联系在一起，力争取得一定的成果。

周也是个七零后，是同济大学的一名老师。我与他的相识是因为他有个项目需要岩土方面的技术支持，他通过朋友伟要到了我的电话，与我取得了联系。电话里我们作了初步的沟通，我们约好第二天去项目现场，一来了解一下现场情况，二来做一个深入的技术方案探讨。次日，我们如约来到了浦东华夏路高架建设工地。周个头不是很高，但十分壮实，他详细给我介绍了项目情况及本次检测的要求，我听完他的介绍后又对项目现场进行了详细的观察和了解，脑海中便有了本次工作的方案。又过了两日，接到进场通知，我便带着队伍及设备进场工作，我把方案技术要求及安全要求向带班班长及作业工人进行了详细交底并让他们签字留底，现场工作便正式开始了。整个项目检测工作完成得很顺利。有了这第一次合作，我和周之间的合作便成了常态，技术上也相互取长补短，他遇到岩土上的技术问题由我来解决，我有物探及检测上的难题由他来解决，久而久之，我们的技术都取得了综合性的进步，感情上也如兄弟一般，每年聚会个两三次，有时我做东，有时他请客，对彼此的爱好、家庭情况、工作情况都非常熟悉了，直至现在，我们对行业的某些新技术的发展与应用都一直在相互学习和交流。周是个东北汉子，喝酒十分豪爽，年轻的时候我们都能喝个半斤八两的白酒，但随着年岁的增长，酒量也渐渐变小了。不管酒能够喝多少，大家始终把对方装在心里，无论有什么事情需要对方帮忙，彼此是从来不会推诿的。

明教授与我的相识则是从年轻的小伙子时期开始的。在浦东刚刚开发开放的年代，我和明教授一起同在一个项目上做记录员。那时他在读研究生，我则是到上海来闯天下，白天在工地上工作，夜晚闲下来的时候就沉迷于黑白围棋世界，常常一边下围棋一边聊人生，在懵懂的年纪里彼此打发着单调的时光。改革开放的大潮在钻机轰鸣的原野里掀起阵阵涛声，基层一线的洗礼为我们的友谊和技术打下了坚实的基础。及至后来明读博、任教，我们彼此也从未断过联系。明在学术研究上十分肯钻研，不断有专著和高水平论文问世，现在早已是硕士生和博士生导师了。他在专业上也给了我很多指导和帮助。我和明教授每年聚会一次。年轻的时候他还喝一点白酒，后来随着年龄的增长基本上不喝白酒了，现在和他聚会，每次他最多喝两瓶啤酒。岁月可以改变很多事情，尽管喝酒的酒量和酒类都在改变，但我和明的友谊与情感依然那么纯正和真诚。

"酒逢知己饮，诗向会人吟。相识满天下，知心能几人？"我们一起风雨兼程，我们一起迎朝送夕，我们一起笑谈古今，我们一起醉眠冬春。不管世事如何变幻，不管岁月如何更替，朋友之间总会坦诚相待。朋友饮酒，会饮出一种信任，会饮出一种真情，酒浓情深，终会成就彼此的人生。

与君共进一杯酒

人生的每一个阶段,都会有不同的收获,或许收获的是一份业绩,或许收获的是一份爱情,或许收获的是一份感动,我深深地为曾经的收获动情,也为未来的收获祈祷魂牵。能够在一起共事既是一种机缘,也是一种修行,彼此互相关照,共同成长,那是最暖心的事。

龙、勇、宝、奇、寿都是我的老同事,我刚毕业的时候与他们同在安徽的一个单位工作。宝是硕士研究生毕业,和我同时分配到单位,其他人则都比我早到。宝和奇曾经与我在同一个项目组待过一年,一起住在项目组基地里,同吃同玩同工作,都是年轻人,很快便打成了一片。在项目上基本是白天出野外开展工作,晚上处理内业,周六和周日相对清闲一点,偶尔弄点卤菜,几个人凑到一起,每人斟上三两白酒,推杯换盏,日子过得倒也滋润。及至1993年我来上海后,宝考取了同济大学的博士生,奇则因为爱人医学院毕业分配到合肥而在合肥另行找了个单位,龙、勇、寿也先后从安徽来到了上海。

刚来上海的岁月,条件还是挺艰苦的,我租住在农民的房子里,每天骑着自行车去一二十公里外的工地。龙和我除了负责本单位的项目外,空闲的时候还一起去帮别人干点活。那一段时间,龙的妻子还没有随龙一起来上海,而我的夫人则在1994年春节后便随我一起来到了上海。龙经常来我家喝点小酒,三个小菜,一斤白酒,两个人二一添作五，扯扯外面的世界，论论身边的美好，倒也有几分潇洒。每次回到蚌埠，龙便邀请我去他家吃饭，他妻子每次总会做一盘红烧肉给我们吃，再配上两个小菜，依然是一瓶白酒，相互举杯，怡然自得，风花雪月的故事也在这酒香的包围中悄然飘过。

勇、龙和我都在上海工区，节假日时工区也会组织聚餐，一群身处他乡的人便凑到一起吃饭喝酒，年轻人喝酒常会带着一份血气，有时好比拼。有一次勇受其他人鼓动，拎着两瓶白酒非要挑战我。无奈之下，我们弄了点花生米，在工区的厨房里便拎起酒瓶子对喝了起来。一场比拼下来，勇喝得酩酊大醉，还与另外一个同事干了一架，后来还是我跑到楼上拉了架才算结束。其实喝酒有时真的会惹出事来，还是适当控制点好。1995年，寿也来到了上海，勇、寿和我又新成立了一个工区，我和寿以做勘察为主，勇以做工程检测为主。三年后，由于单位本部改革及个人发展需求，我们便各自独闯天涯了。

宝博士毕业后直接留在了上海，再后来我也从安徽调到了上海。我落户上海后，宝、勇、龙、寿和我常会不定期地凑在一起，喝喝小酒，叙叙旧，互通一下近况。男人之间没有女人之间的那种话语绵长，有的只是铿锵誓言和无限嗟叹，但一切过往就如同云烟，散去了恐怕再也无法追回。每一次小聚，一饮而尽的不仅仅是那份自豪，还有那份孤独。

来到新单位后我又认识了一批新同事，和新同事磨合一段时间后，也对各自的性格、脾气、能力等有了较为细致的了解。年轻人有年轻人的热情和朝气，年长者有年长者的成熟和经验，与每个人相处得恰到好处那是需要极大智慧的，也是要付出极大真诚和努力的，人相处得融洽了，事情和工作就自然好开展了。我们部门的同事无论是在项目上还是回到本部，总是隔段时间就聚一聚，大家都是从外地来上海打拼的，有时可以借酒消愁或渲染一下气氛。他们中的大多数人都是我招进来，或是经我同意后进单位的。我虽然是部门老大，但做事的基本原则是共同发展和进步，因而每件事情基本上都是站在集体和他人的角度来考虑。我带教他们的原则是只带一个工地，到第二个工地他们就必须自己独立去干，重大事项由我来协调解决，这样带队伍倒是一个非常好的方法。不出一年，他们每个人基本上都能够独当一面了，无论是工地管理、资料归档，还是工程预算、工程投标等，每个人都能整套地完成。他们很认真勤奋，每个项目都完成得较为出色，为单位争得了很多良好声誉。与部门同事在一起喝酒，我总爱给他们讲我自己的故事，一来让他们深刻体会奋斗的不易，二来让他们明白成功没有捷径，真诚待人、努力做事才是获得成功和得到他人认可的法宝。后来，我被上级单位提拔为我所在公司的主要领导，因为有规定，我和他们之间私下喝酒的机会就很少了。等到我离开的时候，他们当中有些人便成了这个单位的领导和骨干。

"把酒倒满，我不想再问君有几多愁，江水总是向东流……"这首歌开始流行的时候，我已经到了一家新单位，也就是我现在工作的公司。来公司的时候，正好是集团公司新基地办公大楼落成入住的日子，集团公司领导在入住招待宴上隆重地向新同事介绍了我，那是来新公司的第一场酒会，我依次敬了各位领导、股东和其他同事，酒喝得挺多的，还好没有醉。

新公司的旅游原来都是安排在八九月份，我来公司的这一年正好拖到10月底，领导盛情邀请我参加，我推托再三最终还是难以拒绝真诚相邀。我和大家一起去往溧阳天目湖，游览了南山竹海，泡了森林温泉，晚上一行人便开怀畅饮起来。新公司的领导和员工对我都很好，尤其是林主任林大姐更是对我关照有加。由于新到公司，我和同事们还不是特别熟悉，领导辉便让每个人顺次向我敬酒，场面热闹非凡。我这个人喝酒做事都一样实诚，喝酒事小，礼节事大，无论如何在这种场合不能失了礼节。我只好硬着头皮迎接大家的敬酒，喝了一圈后，我又回敬了领导和大家一圈，接着大家又开始一阵"混战"，在醉眼蒙眬中总算是结束了这场酒"战"。通过这场酒宴，我也算是基本认识了公司的主要骨干，为以后的工作协调奠定了初步的基础。

来新公司的第二个年头，由于公司业务发展需要，由我负责组建一个新的业务团队。于是我便广发英雄帖，不断有志同道合者前来加盟。加盟者中有老单位的同事，有朋友推荐的工程师，有新招聘来的学生，还有一部分公司划拨过来的人员。功夫不负有心人，这个团队很快成立并开展了工作，取得了相应的资质证书，业绩也是芝麻开花节节高，每年都获得集团公司的表彰。闲暇之余，我们团队常有一些联谊活动，每个员工都积极参与，尤其是在喝酒的时候，大家都激情高涨。有喜欢喝快酒的，玻璃杯里的酒三两口就喝干了，酒劲也上来得快，人也就随着酒力慢慢地倒在了桌子旁；有喝酒讲故事的，讲着故事，喝着不断敬来的酒，人就微醺了；有喜欢开玩笑的，玩笑开过头了，就得喝酒；有喜欢传经诵道的，也有喜欢吟诗作赋的……大家心情愉快，气氛融洽而不失活泼。

团队聚会，有着不拘一格的形式，农家乐钓鱼后吃饭喝酒，喝酒后卡拉OK，甚至在KTV里大家再喝上一轮，真乃是"老夫聊发少年狂，左牵黄，右擎苍，锦帽貂裘，千骑卷平冈。为报倾城随太守，亲射虎，看孙郎。酒酣胸胆尚开张。鬓微霜，又何妨？持节云中，何日遣冯唐？会挽雕弓如满月，西北望，射天狼"（宋·苏轼，《江城子·密州出猎》）。饮尽前世沧桑，饮尽今生慨叹，饮尽来日迷茫……

现如今我感觉渐渐老去，总是喜欢怀念那些过往的岁月，那些曾经的老朋友每年也会在一起聚会几回，喝酒聊天，彼此关心对方的身体，谈论得最多的就是孩子结婚成家的事情了。人终究会有老的一天，如果能够一直互相陪伴，我想那也算得上是一种幸福。

三江大地，物产丰饶。我们这一辈子走过许多地方，经历很多坡坎，我们与很多人一起去创造不算特别巨大的财富，打拼一番不算惊天动地的事业。我们的友谊之花将在甘甜的美酒浇灌下尽情绽放。

期待已久的重逢

无论你居住在四季如春的昆明，抑或居住在芳香四溢的花城，抑或待在烟花三月的江南某地，抑或愣在白雪皑皑的东北某方，我们都会或多或少地感受着"有朋自远方来，不亦乐乎"的快乐。接风洗尘更是不管时间有多晚，地主之谊的表达总是无比热情。

荣在某大型国企工作，由于某地铁监测项目需要与荣的单位进行合作，荣是这次合作项目的负责人。我和疆去他单位洽谈技术对接事宜，我与荣才算是真正开始深入接触。荣很好客，在测量监测技术上也算小有权威。荣与我毕业于同一所学校，且是同一届入学同一年毕业，彼此自然就谈得十分投机。后来有一个国家标准规范修编，荣便举荐了我参加这次规范的编制编写。规范修订组第一次会议是在青岛举行，会期两天，会议结束的那天晚上，曾经在青岛工作过的师弟凡特意设宴给我们饯行，一同来参加酒宴的还有编制组的主编和其他几名成员。凡为人豪爽热情，当晚凡点了很多青岛当地的特色菜肴。在凡富有磁性的招呼声下，我们频频举杯，全身的每一个细胞似乎都在踊跃参与，就像多年的兄弟久别重逢，酒桌上似乎有说不完的故事，我们各自叙述着分别后二十多年的生活。但天下没有不散的筵席，我们终究还是在意犹未尽中结束了这场相会，相约在上海再聚。

回到上海后，我与荣的关系更加亲近，荣的同学来上海时他常喊我作陪，我的同学来上海时我也会叫他陪同。有一段时间，在上海的校友时常组织一些小型的聚会，凡、荣、伟和我基本上每场必到，后来伟离开上海去外地工作，我们聚会的次数相对就变少了。这样的聚会可以减少来自平时工作上的压力，也可以暂时抛开世俗的烦扰，来场宿醉后的人生体验。

第一次去长沙是因为单位组织去湖南旅游，与同事们一起看完张家界的俊美和芙蓉镇的秀丽后，我独自前往长沙继续洗涤一下我困倦的灵魂。到长沙的时候是早晨，老大在他单位的宾馆帮我预订了房间，出了火车站我便叫了出租车直奔宾馆。等到达宾馆，老大早已在那里等候。稍事休息，洗漱后吃完早饭，老大便领着我前往岳麓山参观。我们先游览了岳麓书院。岳麓书院是我国历史上赫赫有名的四大书院之一，现在为湖南大学文史哲人才培养和研究基地。书院内延宾馆、文昌阁、崇圣祠、明伦堂等建筑层层递进，庄严而悠远，充分展现了儒家文化的主次鲜明、尊卑有序、等级有别的伦理关系。出了岳麓书院，继续往岳麓山上前行，首先映入眼帘的便是爱晚亭了。爱晚亭的名字来源于唐朝杜牧的诗《山行》："远上寒山石径斜，白云深处有人家。停车坐爱枫林晚，霜叶红于二月花。"沿着弯弯曲曲的小路一直向上走去，诗中的景色便跃然出现在眼前，赏着美景，吟诵着前人的佳作，我和老大沉浸在相逢的喜悦之中。再往上行走至山顶，道路渐渐平坦宽阔起来，"楚风"这两个遒劲有力的大字赫然镌刻于巨大的石头之中，我的思绪猛然回到那七雄争霸的战国时代。

　　游完岳麓山，我在老大的带领下，前往湘江边的火宫殿品尝长沙最有名的小吃臭豆干。到了火宫殿，老大点了七八个当地的特色小吃，当然也包含臭豆干，我和老大边吃边聊。我向老大讲述了我毕业后的奋斗历程，老大也把他毕业后的情景大致给我说了。吃完中饭，我俩稍作休息，便从火宫殿出发一路向橘子洲走去。过了湘江大桥，再往前走了约莫有一公里，橘子洲便横亘在了我们面前。

沿着橘子洲向湘江下游走去，绿水如带，奔腾向前，我的思绪也如脱缰的野马，脑子里无数个动人的画面不断闪现，最终这个画面定格在伟大领袖毛主席气势磅礴的诗篇《沁园春·长沙》上："独立寒秋，湘江北去，橘子洲头。看万山红遍，层林尽染，漫江碧透，百舸争流。鹰击长空，鱼翔浅底，万类霜天竞自由。怅寥廓，问苍茫大地，谁主沉浮？携来百侣曾游，忆往昔峥嵘岁月稠。恰同学少年，风华正茂，书生意气，挥斥方遒。指点江山，激扬文字，粪土当年万户侯。曾记否，到中流击水，浪遏飞舟？"一幅波澜壮阔的人生画卷随着江水缓缓北流。沉浸在美好的思绪当中，我们不知不觉便来到了屹立在橘子洲头的伟人雕像前，雕像五官端庄、鼻梁挺直、头发浓密、额头宽阔、唇廓坚毅秀气，让人一下子就感受到了青年毛泽东的刚毅、俊朗和健硕，也让我情不自禁地想到了伟大领袖艰苦卓绝的一生和无比高尚的革命乐观主义精神。"孩儿立志出乡关，学不成名誓不还。埋骨何须桑梓地，人生无处不青山。"伟大领袖毛泽东就是在这样豪迈的诗句中走出了韶山冲，一部伟大的中国革命史诗从此有了核心灵魂。

经历了心灵的洗礼，老大把我送回了宾馆。休息了一个多小时，我起身来到了宾馆对面老大的办公室，品着香茗，聊着其他同学的近况，一晃便到了吃晚饭的时间。晚饭安排在宾馆内的餐厅里，过了一刻钟左右，在长沙工作的两个女同学叶子和铃便到了餐厅，握手问好，坐下来喝茶聊天，见面后的喜悦自然无以言表，彼此一切的思念和关心都在见面后的交谈中化作一幅幅如烟如梦的山水画。陆陆续续又来了十几个人，后来的基本都是学弟或同学的家属。晚宴在热烈的气氛中徐缓进行，老大带头举杯表达了对我到来的特别欢迎，我也表达了对同学们的感谢，觥筹交错，起身敬酒，也不知道自己喝了多少杯酒，最终在我晕头转向的时候，大家共同饮干了杯中的酒，结束了这场难以忘怀的晚宴。后来由于工作需要我又去了一次长沙，老大、叶子和铃再次盛情款待，再后来，班级的聚会于2017年在长沙如约举行，让大家再次体会到同学间的深厚情谊，也让我们在美好的回忆和幸福的当下再次展现了多姿的风采和万丈的豪情。

2017年底，我跟随集团领导一起去新疆出差。先是到了乌鲁木齐，一下飞机就被前来接机的庆总新疆同学的热情所感动，到了晚宴的时候更被他们的好客所震撼，一边观赏着奔放的新疆歌舞，一边品尝着最具新疆特色的美酒和美食。那天晚宴除了我们公司一行六人外，我们庆总的同学也来了六个人。第一场酒由于要观看歌舞演出，庆总的新疆同学觉得我们酒没有喝好，接着又安排了第二场酒，稀里糊涂地进了第二场酒的房间，没喝多少我就醉了，趴在酒桌上迷糊了起来，隐隐约约地听他们在喝酒聊天。庆总的同学酒量都很大，老同学来了自然不能薄待，酒一直喝到深夜，似乎要把毕业后的时光都给喝回来。次日，他们一行又带我们吃了当地最有特色的烤羊肉串、拉条子和手工酸奶。新疆人民的热情加上同学的友情让整个世界都填满了真情。

来到一个陌生的城市，你总会想到那么几个人，回到你生活的地方，你也时常会挂念那么一群人，在微醉的世界里，你又看到了他们艳丽如初、闪亮动人。

壶中日月长

"醉里乾坤大,壶中日月长。"不论你的生活是富有还是清贫,也不论你是高尚还是平凡,我相信每个人的生活中,总有那么几次"夜阑卧听风吹雨,铁马冰河入梦来"。

酒桌上常能看到人生的百态。有的人不胜酒力,但还偏偏逞强,经常一喝就多,每次都需要由他人护送才能安全到家。我想,或许他平时的工作或生活压力太大,因而抵抗不了酒精的诱惑;有的人酒量不算小,但总是喜欢把自己和别人喝醉,也许这些人就喜欢醉生梦死,不想直面自己的人生;有的人自己喝得很少,看似一个有理性的人,但总是变着法子想叫别人多喝,不知道是何种心态;有的人酒量大性格又豪爽,喝酒时总是和大家平起平坐,看着酒量小的人现场倒下,似乎在尽显人性的公平……酒桌上的表现也许并不能代表人的人品,但那种"三杯通大道,一醉解千愁"的直爽或是"醉翁之意不在酒"的温柔,在酒桌上会展现得淋漓尽致。

喝酒也有很多妙用。比如在工作中缺乏直接沟通而产生误会和矛盾,彼此又都碍于情面不好意思说破,此时一场聚会,借助绵柔有力的酒,把各自心中的疑虑予以释放和沟通,工作中的误会就会烟消云散,甚至可以增强彼此的情谊,在以后的工作中就会减少因沟通不畅而引发的矛盾;再比如家庭中由于代沟或彼此之间的观点、爱好、习惯不同而产生一些误会,趁着某个节日或双休日,烧上一桌菜,再来上一壶老酒,三两杯下肚气氛正浓时,将自己对某些问题的看法和疑虑提出来请大家探讨，就是一种行之有效的解决家庭内部问题的方法，也会避免家庭内无意义的争吵。

酒量再大，常喝酒有时也会喝醉。醉酒与很多因素有关，由于人的内外在因素的差异，导致当今社会借酒消愁的还大有人在。"抽刀断水水更流，举杯消愁愁更愁。"酒入愁肠，那就更容易醉了。我很少醉酒，偶尔醉酒，也大多是因为自己好表现，以一种豪爽的饮酒方式来掩盖内心的虚无追求罢了。随着时间的流逝，我慢慢地把一切都看得淡了。常言道"人心不足蛇吞象"，物质和名利都不能过分地去追求，否则就会失去内心的平衡，就会失去人性的修养。喝酒亦是如此，喝到微醺，见好就收，日子得慢慢地舒服地抒情地过。

喝醉酒的人常会有许多稀奇古怪的表现，平时不敢说的话也糊里糊涂地乱说起来。借着酒胆挑衅惹事的，借着酒意唱歌说戏的，借着酒劲勾肩搭背的，找不着家睡马路的，还有就是吐了一地不省人事的，这一切怪象除了不省人事外，在我看来都是假象。古语云："酒醉心里明。"是的，肉体虽然可能被酒精麻木，但内心恐怕是清楚不过的，借借酒胆，发发酒疯或是卖卖癫狂，也许是排除心中烦忧的一种策略吧。五千年的文明从来就不缺少酒的故事，凡是有名人和英雄的地方都会有着与酒有关的传说。酒这种神奇的液体蕴含着粮食和果实的精华，也蕴含着人类的诸多情感。我们之所以喝酒，而且还将这种习惯传递给子孙后代，最合理的解释恐怕就是每个人都在寻找着一种虚无的感情寄托和情感的艳丽绽放吧。

酒里有多元的乾坤，壶里有悠长的岁月。有多少个人在这世界里打拼，有多少个人在这世界里前行，就有多少个岁月里的故事，就有多少个游在酒里的灵魂。

第六章

远方的追逐

　　大自然的美让每个人都有一种冲动，那就是要身临其境地去欣赏，想把那种美抱在怀中，想把那种美植入脑海，想把那种美刻在心间。人类思想和科学技术的进步，不仅源于自然，还与自然共生长，人的身心健康也与自然有着千丝万缕的内在联系，让我们的心灵与山水共飘荡。

去看山听水

"读万卷书,行万里路",原意为金榜题名,走入仕途,现释义为才识过人,学以致用,并非行万里路之万里路。当然,真的周游世界也会大长见识的。子曰:"知者乐水,仁者乐山;知者动,仁者静;知者乐,仁者寿。"不管是将其解释为"智慧的人喜爱水,仁义的人喜爱山;智慧的人懂得变通,仁义的人心境平和;智慧的人快乐,仁义的人长寿",还是解释为"智者之乐,就像流水一样,阅尽世间万物,悠然淡泊;仁者之乐,就像大山一样,岿然矗立,崇高安宁",都充分说明了大自然对人的重要性。游历山水,陶冶情操,达到人与自然的统一和谐,也是一种高尚的境界。

少年时,我就深刻体会到山水给人带来的快乐。我常常与几个小伙伴相邀,一起到附近的山上去看山间的溪水,去看山上的映山红,去摘山上的毛栗,去抓水里的鱼,去听溪水淙淙,去听松涛阵阵,去听树上蝉鸣,去听秋虫呢哝。这一切的一切,给人带来了视觉的享受,也带来了听觉的共鸣。不知疲倦的我们,常常花大半天的时间穿梭于山林和小溪之间,与山林同在,与溪水共生。

等到上了中学,唐朝刘禹锡《陋室铭》里的词句"山不在高,有仙则名。水不在深,有龙则灵",更增添了我对山水的神秘感。古代的仙和龙会出现在哪座山哪潭水里呢?或许我们永远也见不到山里的神仙和水里的神龙,但山水与我们人类的文化之间源远流长,无论是寺庙殿堂,还是摩崖石刻,都留下了无数的文化瑰宝,也留下了人们对美好生活的向往和追求。

再后来，我便熟悉了"五岳归来不看山，黄山归来不看岳"的典故，也总想和徐霞客一样走遍名山大川，也总想目睹一遍祖国山河的壮丽，也总想领略一下文人墨客的诗句是怎样同湖光山色相得益彰。

上大学之前，我除了对家门口附近的山水熟悉之外，基本没有出过本县地域，就连自己所在的地级市都没有去过，更别说去外地看山看水了，除了在语文课和地理课里学习相关名山大川外，只能从电影或电视等媒体里饱饱眼福了。上了大学后，四年的大学时光，八百里秦川虽然无法游历遍，但也算过了一把赏阅山水的瘾。

秦地的山水与江南的山水截然不同。江南的山水，宛若薄纱遮面的少女，如烟如雾，楚楚动人，让人怦然心动，愿意陶醉其中，又宛若暖暖的春风，让人睡意蒙眬，似醉非醉，似醒非醒。无论是哪个季节，去看江南的山水，总会有曲水流觞、诗意盎然的感觉，一株垂柳，一片桃花，一座寺庙，一汪清潭……无不叫人思绪绵长。秦地的山水，宛若光着脊梁的西北汉子，如火如光，炽热难当，叫人感觉豪放，似张非张，似扬非扬。不管什么时间，欣赏秦地的山水，总会有荡气回肠、韵味悠然的意境，一块黑石，一棵白桦，一眼清泉，一朵紫霞……总是让人浮想联翩。秦岭的巍峨，华山的险峻，都给我留下了极其深刻的印象。深入秦地大山深处，汩汩流动的溪水，清澈明亮，溪底的鹅卵石五彩相间，水里不知名的小鱼儿顺水而上，人走在沟底，两侧砾石组成的阶地错落有致，其上怪异的岩石，如刀如剑，如盾如牌，仿佛一场战斗后留下的兵器，纵横交错；出了沟口，山前洪积扇上碎石散乱，由山前往远处，石头由大变小，裹杂着黄色的黏性土或砂性土，像极了废弃的战场；山前滑坡体上，树木倾斜，宛若醉汉在打醉拳，滑坡前沿，一片杂草下不时冒出小股清清的水流，远处的山谷间，一片绿油油的菜地或是一片金黄的稻穗，在阳光下迎风起浪；八百里秦川的黄土地貌毫不掩饰地展现了其独特的魅力，梁、峁、台、坎，相间分布，高高的陡坡上，一条条竖向节理把黄土分割成一个个短柱，白色的钙质结核如同生姜一样镶嵌在黄土之中……这一切令人拍手叫绝，流连忘返。

一方山水养一方人。秦地的土地大多为旱地，以种小麦为主，汉江中游水资源丰富，因而盛产大米。秦地人十分聪慧，无论是面食还是米食，都能鼓捣出许多花样，肉夹馍、牛羊肉泡馍、葫芦头、陕西凉皮、臊子面、锅盔、千层油酥饼、金线油塔、油泼面，等等，都是窗户眼里吹喇叭——名声在外。这些特色小吃中，我最喜爱的是油泼面和肉夹馍。油泼面爽口香辣，让人唇齿留香，回味无穷，肉夹馍肉质醇厚，馍香肉美。在上大学期间，我常在晚自习后到食堂里买一块肉夹馍，以满足我那肚子里的馋虫。一块肉夹馍下肚，人仿佛浑身充满了力量，迈着轻松的步伐，走在校园里的马路上，看着宿舍楼里的点点灯光，一天的忙碌就在肉夹馍的芳香中画上了圆满的句号。

秦地的民风淳朴，民俗独特，其中八大怪最为典型。去过秦地的人都听说过八大怪，我在秦地待过一段时间，对八大怪更是耳熟能详，不妨在此给大家说道一下。第一怪——板凳不坐蹲起来，第二怪——房子半边盖，第三怪——姑娘不对外，第四怪——帕帕头上戴，第五怪——面条像裤带，第六怪——锅盔赛锅盖，第七怪——油泼辣子一道菜，第八怪——秦腔不唱吼起来。这八大怪都与当地的经济、人的思想意识及自然地理状况有着密切的关系，比如，第一怪与人的生活习惯有关，第二怪主要与当地的地理环境相关，第三怪与经济条件有关。

秦地的文化更是给人一种苍茫中透着古韵、凝重中写着坚强的感觉。那种浸透于古墓、古塔、古城墙及山峦之间的遥远，给人一种仰望，让你拼命地去追逐，让你有一种愿意跟随那驼队的足迹走遍天涯的冲动；那种流淌于江河之间的故事道尽了盛世的繁华和乱世的凄楚，让人为之扼腕嗟叹，让人忍不住要冲进那狼烟四起的时代挥戈舞戟，也让人甘愿沉迷在袅袅梵音之中；那种播撒于大地之上的诗句，更是道尽了人世间的美好和失望，让你禁不住沉浸于诗情画意之中，陪诗人一起哭、一起笑、一起疯、一起闹，无论是千古绝唱还是即兴抒情，总会撩起千般哀怨，引发万种风骚。初来秦地的人们，似乎可以从一块瓦砾或一块碑刻之中探索秦文化的根源。千年的风雨洗不尽历史的沧桑，那留在瓦砾和碑文之中的信息让人们思绪绵长。从蓝田猿人遗址中我看到了祖先的风姿，从大雁塔的翘楚雄姿中我体会了大唐盛世的繁华和西天取经的艰辛，从延河宝塔的灯光里我读懂了中国的希望和革命斗争的艰苦卓绝，从秦岭的绵延曲折中我学会了如何走向富强。

"远看山有色，近听水无声。春去花还在，人来鸟不惊。"一幅人与自然和谐相处的画面，陶醉了前人，也陶醉了来者。看山，看水，看世界，看惯了风花雪月，看尽了历史繁华，山水也许不是你人生的全部，但一定是你生活的调味剂。

爱人如水

自从盘古开天辟地以来，关于男女之间的爱情就成了人们永不厌倦的话题，从"女子无才便是德"到"妇女能顶半边天"，女性的地位发生了翻天覆地的变化，但"男大当婚，女大当嫁"的思想观念在历朝历代的人们心中从来就没有变过，人们常把美满的婚姻赞美为"天作之合"，更将"洞房花烛夜"说作是人生的四大喜事之一。

从古至今，中国人对妻子的称呼不断变化，妻子的称呼多种多样主要是由于中国疆土辽阔、丈夫的地位和历史时期的不同而造成的。小君、细君最早是对诸侯妻子的称呼，皇后是皇帝的妻子，梓潼是皇帝对皇后的称呼；夫人一词变化较多，古代诸侯的妻子也称夫人，明清时期一二品官员的妻子被封作夫人，近代用来尊称别人的妻子，现在多用于外交场合；荆妻、糟糠表示贫寒及共患难的妻子，太太则是旧社会官员妻子的称呼，娘子和妻子是古代和近代对妻子的统称；堂客、屋里人、老婆、右客，等等，都是方言中对妻子的称呼，爱人则是夫妻之间的互称。

古人给我们留下了许多赞美和思念妻子的作品。唐朝李商隐

《夜雨寄北》:"君问归期未有期,巴山夜雨涨秋池。何当共剪西窗烛,却话巴山夜雨时。"宋朝孔仲平的《寄内》:"试说途中景,方知别后心。行人日暮少,风雪乱山深。"把对妻子的思念描述得意犹未尽,让人为之动容。

我虽然比不上前人那样有绝美的词句来送给妻子,但我和妻子之间也有着温暖的故事,有着默默的支持与奉献。一家人一起来上海的日子无法忘却。那是1996年的冬季,在上海刚刚站稳脚跟的我决定把妻儿接来上海。在交通不发达的年代,拖家带口坐火车也是一桩困难的事情。由于家庭底子差,所以被褥、衣物及其他小件物品都得打包带上。我左肩挂上用绳子拴在一起的两个大袋子,右肩也同样挂上两个大袋子,左右手还得提着两个小包裹。妻子抱着儿子排在长长的队伍后面,一步一步挪动。好不容易进了站台,火车上早已人满为患,无座位票的人们把车厢挤得水泄不通,我们虽然有座位票,可是根本无法从车门上车。眼看离开车时间只有十几分钟,实在不指望能够从车门挤上火车了,我只好做一回猛男,和妻子顺着站台来到了我们座位附近的车窗前,请坐在我们对面位子的乘客帮忙打开车窗,妻子在我的协助下从窗户里爬进火车,我又依次把儿子和行李从窗户里塞了进去,接着一个纵身爬进火车,又把行李一个个收拾妥当。虽是冬季,如此折腾一番,我早已满头大汗,但望着妻儿的笑脸,疲倦的感觉似乎从来就不会有过。若干年之后,这件事竟成了我们家庭的一个趣谈。妻子来上海后,我一直忙于工作,妻子承担了照顾我和养育儿子的重任,但她从来没有任何抱怨,还先后操办了家里买房、装修、买车等重大事情。闲暇之余,还经常带着儿子出去游玩，儿子在她的培养下，性格十分开朗，这一切都有着妻子的辛劳和心血。

孩子上了大学后的几年，妻子喜欢一个人去旅游，每次出去游玩就会认识一批新的团友，旅游回来后，总会写一些游记或评论，以此来记录她看世界的旅程。每次旅游归来，妻子总爱向我滔滔不绝地讲述她旅行中的种种趣闻，讲着讲着，经常会由于时差的关系而悄然睡去。妻子讲话的时候从来不管你在干什么，也从来不管你是否在听，总是一吐为快。年轻的时候，我也曾粗暴地打断她的讲述，后来慢慢地我就学会了倾听，尽管有时自顾自地在忙其他事情。从拉斯维加斯到尼罗河，从红海到撒哈拉，从欧洲到亚洲，从美洲到南极，这些年，妻子用她那双明眸看遍了世界许多地方的山水和景色，人也变得无拘无束起来，在家里给我们讲故事的时候，总爱大声说笑。可以看出来，旅游给妻子带来了极大的快乐，也给妻子带来了对世界文化的享受。

随着不断地写旅行见闻和所思所想，妻子的文字功底日渐增长，有时我也会被她写的精彩文字打动，我也记录下了妻子的部分精彩语录。

越脆弱，越四处游说，抱怨种种，越坚强，越不动声色，生机勃勃。纵观身边，真是深以为然。

都是赶路的人，只是影子陷入红尘。山水无声，日月同明，不紧不慢，不增不减，以后从前。

季节流逝，仿佛一个又一个轮回，有些东西沉淀于心，永远铭记，就像唱片的刻痕，就像怀念曾经的一个旧梦。往昔的一段岁月，一个有缘人，深爱永久，镌刻于心，我们应该温柔地与时光同行，微笑着，与生活握手。

有时候看照片会产生错觉，不知道哪个才是真实的生活。远足和蜗居，白天和夜晚，天涯和咫尺，也许正是这样的撕裂，让我们需要这样遥遥相望，可以轻描淡写地用诗篇一样的语言娓娓道出，每一次出行都是为了下次的相遇。

敏感的人只要得到一点点信息和提示就能明白一些事情，这种人领悟性非常高，但也可能因为一个眼神或一句话而心里矛盾地去猜测，而导致误会。我是一个敏感的人，一直在努力改掉敏感的负面，发扬敏感的正面。

世界之大，很多时候都是一群人的熙熙攘攘；心静了，一个人可以是全世界；心近了，两个人的世界就是彼此之间。

到一个国家旅游，就像到一个陌生的朋友家做客，你要知道他家住什么地方，几口人，说什么话，有什么爱好，靠什么营生。

女人要上得了厅堂，下得了厨房，左手带娃，右手养家，所以说女人要学会享受。此行程加上领队十人，三男，七女，这是不是女同胞比男同胞长寿的秘诀之一？

拍照是将旅行中最真实的一面以最美的方式呈现，让自己慢慢回忆，不管清晰与否，每一张照片，都是时光的标本。

只有不间断地阅读，才能不被知识、社会淘汰，也只有不间断地阅读，才能保持职场竞争力。愿每个人都因为读到好书而倍感幸福！世界读书日快乐！

我喜欢登上高处，俯瞰一座城市，时而迷茫，时而透彻；我喜欢感受白天和黑夜，伴随日落，体会不同心情景色；我喜欢在那里留念，将时间定格，脸上写着：中国游客。

翻看着妻子发在朋友圈里的文字，读着这些附着美图的美文，我由衷地为她感到高兴，也被她那种深藏于图片和文字中的快乐所感染。我也总想抽出点时间，陪她一起去看世界，一起去感受每个城市的故事，一起去体验不同山水人文的秀美。

涓涓细流，汇成大河，绵绵清水，润物无声，妻子如同水般柔软，整个家庭都沐浴在妻子的真爱之中；水滴石穿，久久为功，流水淘沙，濯濯真金，妻子如同水般韧性，把整个家庭操持得有声有色。巡视着屋内的桩桩件件，万千感慨悠悠地涌上我的心头。

朋友如山

自古以来，关于朋友的故事或诗句数不胜数，而我处朋友的原则，一是真诚相待，二是互帮互助，三是顺其自然。

"君子敬而无失，与人恭而有礼，四海之内，皆兄弟也！君子何患乎无兄弟也。"（《论语·颜渊》）我们的先人很早就告诉我们交友做人的态度，所以我们要以诚待人，我们要以"四海皆兄弟，谁为行路人"的胸怀去广交天下朋友，尽管有时会遇见"我本将心向明月，奈何明月照沟渠"的尴尬，但我们绝不可耿耿于怀，做出报复伤害他人的事情，可有意远之。常言道"道不同不相为谋"，这是非常正常的事情，不必无法释怀。

中华文化博大精深，语言文字丰富多彩，因而对人们之间的交往常常用不同的词语来表达。常用的词语有：石友、死友、挚友、损友、诤友、益友、盟友、网友、文友、密友、笔友、恒友、闺蜜、款交、至交、世交、故交、知交、死党、忘年交、忘形交、君子交、莫逆交、刎颈交、贫贱交、布衣交、市道交、患难之交、一面之交、杵臼之交、金兰之交、竹马之交、金石之交、平昔之交、肺腑之交，等等。这些词语基本上都是以交情的深厚、交友的形式、交友的时间为原则来进行定名的。

朋友之间的交际往来，最讲究的就是有"度"。世界上任何人，也包括你的家人，不是生下来就该围着你转的，切不可任性，把自己的想法强加于他人。"君子和而不同"，当朋友之间对一件事情有不同的看法，但其出发点都是美好和积极向上的时候，彼此之间可以保留各自的看法，不要因意见不完全一致而伤害了本来友好的感情。朋友之间相处还应保持适当的距离，要达到一种意犹未尽和情犹未了的意境，方可彼此相处长久，情谊方可深厚绵长。

随着改革开放与发展的持续，人们的生活水平在不断提高，改善生活质量成了很多人的追求。日常几个朋友相邀去踏青或远足，早已成为现代社会的一种生活景象，无论是踏青还是远足，最讲究的是团队气氛和团结协作。登山、游泳、乘船等，都要彼此照应，不可因贪玩而丢失财物或发生人身安全事故，去玩什么项目也要征求一下大家的意见后再做决定，保持步调一致，最好在出发前就将功课做好，行程和项目也在出发前就确定，绝不可由于意见不一致而造成旅途不愉快，甚至断绝了交往。朋友之间遇到意见不一致时，应该冷静思考，站在对方的立场进行换位思考，这样就容易达成一致意见。

出去游玩不要过度在意钱。对于随团游玩的，有些不在行程单中的自费项目，如果大家觉得很有价值，性价比高又感兴趣，那就痛痛快快地玩一回。很多地方一辈子也许只能来一次，等离开了这个地方再后悔没有玩够，那恐怕是买不到后悔药的，只能是抱憾归去。

我们每个人对山水的感觉和评价会不尽相同。当我们和风景一起留下靓照时，我们或许都已融入景色之中。有人喜欢山的雄伟，有人喜欢海的宽广，有人喜欢云的悠闲，有人喜欢梅的清奇，有人喜欢小镇的清静，有人喜欢花朵的芬芳……当我们把美丽的照片发到朋友圈时，也会触动很多朋友的心灵，他们为美景动容，更为友人动心，点赞、评论、转存，无论是哪一种方式，都表示了对你的关心。严格意义上讲，你的旅行不再是独自一人，因为你的一切都在朋友的关注之中。

对一个地方的了解，不应局限于当地迷人的景色，还有景色背后的那些历史和人文。或许这个地方曾经有一群人为生存而战，或许这个地方有些人为音乐献身，或许这个地方有些思想曾经推动人类发展前行，或许这个地方生产过导致工业革命的机器，也许这个地方涌现过很多才子佳人……当你踏进这片神奇的土地，你才真的发觉世界之大、世界之美、世界之奇。尽管你已去看过，但知识的海洋里，即使你穷其毕生精力，你所掌握的也只是九牛一毛。此时，你会更加热爱生活，更加努力地过好光阴。

朋友之间，也常会因一些共同的爱好和兴趣而产生共鸣，或许是对诗词，或许是对戏曲，或许是对音乐，或许是对某项技术，或许是对某个思想观念，当面交流或是线上交流，都不会妨碍你发表个人的见解。曾经有两首小诗，被人搬到了朋友圈，其中一首是以原作者诗中的两句作引子，让大家充分发挥想象力来进行诗的创作，一时间在朋友圈中引起了巨大的反响。大家纷纷作诗，并发表在朋友圈中，我这里摘录两首，以展示朋友之间的共鸣现象。原诗如下："可怜白雪曲，未遇知音人。栖惶戎旅下，蹉跎淮海滨。涧树含朝雨，山鸟哢余春。我有一瓢酒，可以慰风尘。"（韦应物《简卢陟》）创意者要求大家以"我有一壶酒，足以慰风尘"这两句诗为引子来作诗。朋友写道："我有一壶酒，足以慰风尘。小楼飞落花，青丝染霜恨。扣窗邀共月，三万里云深。怎怨玉壶冷，醉饮风月斟。"朋友的这首诗，感叹光阴似箭，岁月不饶人。我拜读以后，也即兴创作，吟诵出了一段："我有一壶酒，足以慰风尘。春潮涨又落，惊艳弄潮人。秋夜思无眠，把酒听涛声。去年佳节醉，今朝未曾醒。日月乾坤大，笑谈酒满樽。"有朋友评论我是酒鬼的，有说我是酒不醉人人自醉的，有说大气的，有说华夏酒贵的……实则，我这首诗也在一定程度上表明了我对人生的态度，既要努力奋斗，又不要对物质名利过分追求，要该糊涂时糊涂，该清醒时清醒，最主要的是不论发生什么都要笑对人生。

哲学家们把人的思想观念分为人生观、价值观和世界观。在这个世界上，要找到一个三观完全相同的人那是绝对不可能的，每个人由于出身、教育、家庭环境、社会环境等的不同而有不同的价值取向，要过什么样的人生和认为这个世界应该怎样都是无法相同的，但这并不代表三观不同的人就不能成为朋友。思想积极向上、想过一个较为完美的人生且有世界是你我他共同拥有和创造的想法的人，占据了这个世界的绝大部分，因而，人们总是在赞颂那些不甘命运折磨而努力奋斗获得成功的人。志同道合，共同成长，走向成功，是朋友之间的主旋律。若缺乏这个基础，朋友之间的相处也就像盛开的昙花一样，转眼交情就会断绝。

我喜欢把朋友看作大山。我时常仰望这些大山，崇高而又峻拔的大山拥有无比宽广的怀抱，山上长满了鲜花与果实，你只有静心观赏，用爱陪伴，才会获得愉悦的心情，汲取丰富的营养，你才会渐渐地长高变强，你也会最终像朋友一样，成为一座真正的大山，山顶上目视远方。"与智者为伍，与善良者同行"，你一定会收获精湛的才艺和高尚的品德。朋友之间的信任最为重要，信任是通往友爱的阶梯，当你有无法解决的问题时，你首先想到的肯定是某位朋友，在朋友的帮助下，你顺利闯过难关，彼此之间在共同解决问题的时候，友谊又加深了一步。我非常羡慕这样的朋友，我也无比庆幸我有几个这样的朋友，"人生得一知己足矣"。我特别珍惜与我一起奋斗前行的人，我时常祝福他们健康快乐！

"高山仰止，景行行止。虽不能至，然心向往之。"朋友如山，生活因为你们更加灿烂，事业有了你们而越发辉煌。

海风吹拂五千年

"晚风轻拂澎湖湾,白浪逐沙滩,没有椰林缀斜阳,只是一片海蓝蓝……"第一次听说大海究竟是从这首歌里还是从高中的世界地理课里得知,我已经记不清楚了,但是海很大是给我的第一印象,其次就是海水很蓝。

高中教的地理知识清楚地告诉我,全世界的海洋面积约为3.6亿平方公里,约占地球表面积的71%,海洋中的水约占地球上总水量的97%,地球上的淡水很少,能用于人类饮用的淡水只占2%,地球上的大洋主要有太平洋、大西洋、印度洋、北冰洋。成天把地理知识背得滚瓜烂熟的我在高中毕业前从未见过大海,那时候,我也真不知道中国的海岸线有多长,中国的海洋面积有多大。主要原因有二:一是当时的中国还不十分重视海洋资源的调查和开发,二是当时的资讯欠发达,生在农村的我们无法查询到相关知识,现在普及一番,也算是对当时的无知做个补缺。中国主张十二海里的领海权,我国管辖海域面积约300万平方公里,东部和南部大陆海岸线长1.8万多公里,中国面向太平洋,毗邻我国大陆边缘的有渤海、黄海、东海、南海,它们互相连成一片。

我第一次见到大海是来上海之后,在浦东白龙港地区,站在海堤上极目远眺,黄白一片,并未见到大海的深蓝和洁白的沙滩。但尽管如此,毕竟是第一次见海。退潮的时候,我还脱了鞋子,光着脚丫走在细沙与淤泥混杂的海滩上,蹚着洼地里的水,学着别人的模样去抓些螃蟹鱼虾。上海的海岸线基本上由泥土组成，近海为沉积海，在海浪的作用下，泥沙随波浪涌动，黄白光被海水反射，因而一片黄白；再往更远处的海域，海水中几乎不夹泥沙，海水吸收了太阳光的大多色光，主要反射蓝光，因而人眼里看到的海水呈蓝色。初次见到大海后，由于工作需要，我先后又去了上海周边的崇明、奉贤、金山、芦潮港、洋山港，这些地方基本上都是海水夹杂着泥沙，只有游玩的场所附近，海水采取了人工净化才显示蓝色。

尽管上海的海是浑浊的，但上海这座城市还是给我留下了极好的印象，喜欢上海的理由主要是上海生活的安全性和海派文化的包容性。上海这座城市的管理水平很高，治安极好，一个人无论什么时间走在大街上，基本不用担心会发生什么安全问题。此外，"海纳百川，兼容并蓄"的海派文化尊重多元化与个性，兼顾个人利益和社会利益，具有很强的契约精神。上海人做生意很诚信，按合同办事。上海的建筑、音乐、戏曲等也博采众家之长，形成了多姿多彩和别具一格的双重特色。无数个像我一样的外地人，经过努力打拼，也都融入了上海这座现代化、信息化的大城市。如今，更有着无数的人才精英踏入这座城市，为金融中心、港口中心、信息中心的建设添砖加瓦。正是这种"海纳百川，兼容并蓄"的精神造就了上海飞速发展的过去、今天和未来，上海成为一流的世界级城市，我也为自己成为其中奋斗和贡献的一员感到无上的光荣。

我特别喜爱大海，尤其是有着洁净沙滩和蔚蓝色海水的大海。我喜欢海的广阔，也喜欢海的深远，喜欢与海亲近，喜欢像海水一样自由，喜欢像浪花一样奔腾欢乐。每到一个有海的城市，我必定要去海边走走看看，享受带着咸味的海风，几个朋友边走边聊，或是找一个看海景的地方，来几瓶啤酒，点几盘海鲜，一边欣赏浪花翻腾，一边体味生啤的冰爽，把生活的疲惫抛到九霄云外，抑或站在沙滩边，任凭慢慢上涨的海水卷起浪花打湿自己的衣衫，放空心灵，来一场久违的拥抱。

第五次看海是在青岛，站在中华人民共和国水准零点旁。近处的游船整装待发，偶尔有几艘回港的船儿在水面划出优美的水线，远处山峦藏在云雾之中，隐约可见墨色的形影，微风轻吹，细细的浪花拍打着堤岸，渐渐升起的太阳映照着海面，阳光随着波浪而跳动，散发出一片片银光；继续前行，直奔崂山，车窗外绿树盈盈，金色的沙滩上游人点点，车辆沿海岸线蜿蜒行驶，不觉间已经到达崂山山脚下，站在"海上名山第一·崂山"的巨幅石刻下，背靠大山，面朝大海，留下了一张韵味中年的靓照；沿着景区的山路，拾级而上，奇峰异石或远或近，涧水流淌于苍松翠竹间，穿过觅天洞，登上狮子峰，坐在巨石之上，远处海天一色，海中的几处小岛如同漂在海中的几叶小舟，仿佛随时都会被海浪吞没。近处的海湾，湾水碧蓝，湾岸的弧线像半月弯弯，湾旁的山丘自顾自地向前伸出一条长腿，山脚下的建筑整齐划一，与湾和谐相伴，一幅动人的山水画天然自成，我悠悠然立于画中。

第一次到第五次看海之间，我还去过厦门鼓浪屿和海南文昌，去鼓浪屿是单位组织的旅游，去文昌是因为工作。鼓浪屿是个美丽而又安宁的岛屿，在日光岩上俯瞰全景，风格迥异的万国建筑群与亚热带海洋植被相得益彰，真不愧为海上花园。从日光岩上下来，依次观赏了淑庄花园、皓月园、风琴博物馆后，已是下午一点多了，寻了一个僻静的地方，点上一杯热咖啡和两盘零食，静静的时光留给自己独自享受，"面朝大海，春暖花开"。文昌的工地就在海边，从工地走到海岸不到十分钟路程，我去的时候正是夏季，树荫底下还不算太热，但阳光底下绝对是酷暑难当。既然来到了海边，我肯定不会放过看海的机会，下午四点多钟，我和另外两个同事一起走到了海边。海风很大，浪花被掀起一米多高，层层叠叠向海岸涌来，后浪用力地推着前浪，前浪永远无法回头，只能拼命地向前再向前，终究遇到了沙滩，碎了一地，破碎的水珠瞬间会合大海，回归生长的怀抱。人生亦是如此，从自然来，回归自然去，但过程是无法重现的精彩。

第八次看海，真正地来了一场与海的拥抱。乘船来到蜈支洲岛，微风下的椰子林景色迷人，与远山遥相呼应，海与天一片湛蓝，一对对情侣漫步沙滩，与大自然一起形成了颇为浪漫的图画。我们几人一边观看着美景，一边走向了海滨浴场。海滨浴场风和日丽，波浪轻盈，我们沿着沙滩下了浴场，浴场的水温宜人，我们先游了两个来回，抓住绳索，稍事休息，就开始打起水球来，球在空中和水里不停传送，人在水里时游时立，阵阵欢声笑语回荡在浴场上空，心灵被真正涤荡，肆意的欢乐尽情升腾。夜晚，一行人回到了下榻的酒店，晚饭后的篝火晚会如约举行，脱了鞋子走进舞场，脚底下的沙滩松软轻柔，火光照亮了寂静的夜空，伙伴们手拉着手围着熊熊的篝火跳起欢快的舞蹈，有节奏的鼓点伴着悠扬的乐曲，人仿佛都慢慢飘了起来。陶醉在舞蹈中的我们在晚会主持人宣告"晚会到此结束"的声音中停止了舞步，找了一个石桌围坐下来，点了几份烧烤和几杯青啤，看谢幕的烟火在天空绽放，心灵被夜的美好所震撼，海浪拍打着礁石的声音似乎在显示着大海的浩瀚，也寓意着奋斗永无彼岸，生活应该有张有弛。

"曾经沧海难为水，除却巫山不是云。取次花丛懒回顾，半缘修道半缘君。"这是唐代诗人元稹为妻子韦丛所作的悼亡诗，但也深刻说明了大海的苍茫雄阔和令人流连忘返的境界。我爱大海，她犹如人间温暖的春风，让我的生活满是激情；我爱大海，她犹如孜孜不倦的园丁，教我心胸宽广，不断修正我人生前行的方向。

心灵需要洗涤净化

"春有百花秋有月，夏有凉风冬有雪。若无闲事挂心头，便是人间好时节。"这也许就是旅游最好的感觉和收获。无论你是乐山还是乐水，体会一种释放，体会一种抒情，收获一份感悟，收获一份快乐，得到生活的真谛，升华思想的灵魂，真正地将心灵里的尘埃洗去，才是大自然对我们最好的馈赠。

集体出游可以增进团队间的感情，对于团队成员之间的协作往往能起到事半功倍的良好效果；家庭一起出游可以增进家庭成员之间的亲情，有利于家庭成员间的相互理解，对家庭和睦可以起到催化剂的作用；夫妻共同出游可以促进夫妻之间的沟通，有利于夫妻对家庭责任的分担，对夫妻相互理解与支持起到桥梁纽带作用。我虽然对旅游的作用有着较为深刻的分析，但说起来惭愧，自从结婚以来，与妻子真正一起出去旅游的次数一共也只有三次。第一次是去吉林的长白山，第二次是去内蒙古的辉腾锡勒草原，第三次是去英国。虽然我和妻子一起只去过这三个地方，但这三个地方都给我们留下了无比深刻的印象，我们在那里也留下了欢乐的时光。

九月的长白山不冷不热，穿着衬衫，外罩一件外套，背着简单的行囊，并肩走在林间山道上，周围被五颜六色的树木包裹，宛若置身于彩色的童话世界。一路赏玩向前，不知不觉我们便来到了天池所在的山脚下，风陡然间大了起来，顺着木栈道顶风向上进发，妻子的头发随风而舞，我边走边为妻子拍下了数张倩影，约莫二十分钟后便到了天池，妻子拉着我的手在天池边来了张甜美的合影。望着天池水面波光粼粼，远处的群山与云雾连成一片，近处的岩石奇形怪状，听着关于水怪的传说，看着不远处的朝鲜国土，神秘感悄悄爬上心头。从天池下来，继续欣赏山里的景色。金黄的银杏树下一汪清潭，微风吹过水面，细细的波纹抖动，散发片片银光，令人心旌摇荡，再沿山路行走，来到了一处飞瀑。坐在飞瀑前，人就似入了画中，淙淙流水从山顶平台一泻而下，仿佛洗净了铅华。吃过午饭，我们乘车前往朝鲜族百姓家，一路上风光旖旎，彩色的山林、金黄的稻穗、碧绿的荷塘交相辉映，好一派田园风光。到了朝鲜族老乡家里，听他们讲朝鲜族的农耕生活，讲人参的种植技巧，讲山货的识别技术，讲泡菜的制作方法，不禁感叹一方水土养一方人。妻子穿上朝鲜族妇女的服饰，貌美如花。

我和妻子的旅行似乎总和九月有关。辉腾锡勒草原的九月，早晚都有了寒意，白天却温度宜人。第一天傍晚，飞机直达乌鲁木齐，我们下榻乌鲁木齐市内的宾馆。第二天吃过早饭，我们乘坐大巴前往大草原。来到马场，妻子和我各骑一匹马，戴着头盔，颇有一番与马一起跳盛装舞蹈的感觉。来到一处平整的草地，妻子下了马，我请驯马师傅与我一起开始跑马。我坐在马背上，随着马儿奔跑，身体上下颠簸。初次骑马绝对不敢掉以轻心，在驯马师傅的指导下，我逐渐掌握了骑马的要领，双脚蹬紧脚蹬，身体随着马的脚步一起一落。回程的时候，妻子拿手机为我拍下了跑马的视频，我挥手向她致意，脸上挂着开心的笑容。带着骑马的欢乐，我们又饶有兴致地走进了附近牧民的蒙古包，倒了一碗醇香四溢的酥油茶，慢慢地品尝起来。喝第一口，满嘴浓郁的香味，又接着喝了几口，一碗酥油茶便全部喝完了。觉得没有过瘾，我又喝了一碗，方才走出蒙古包，走上一座高高的山头。望着远处的沟壑山峦，天高云淡，一片蔚蓝，我也学着年轻人的模样，展开双臂，用力跳起，想去飞翔，终究脚还是站在了实实在在的大地，风吹动着我的衣裳。

大巴载着我们一路悠闲，窗外的云朵似洁白的棉花，镶嵌在玛瑙蓝一样的天空。还没有欣赏够窗外的美景，大巴就停在了哈素海湿地公园的门口。在公园旁的一处饭馆，品尝了哈素海的水产，稍事休息，我们便走向了景区。我们租了一辆双人自行车，妻子和我并排而坐，踏着自行车，围着哈素海四周的道路慢慢地骑行。蓝天、水面、芦苇和水草相映成趣，一个小时的游玩在欢声笑语中度过，小拖车载着我们来到了敕勒川文化旅游区，巨大的石头上赫然刻着南北朝时期的《敕勒歌》，我忍不住背诵起这首歌谣："敕勒川，阴山下。天似穹庐，笼盖四野。天苍苍，野茫茫。风吹草低见牛羊。"如今身临其境，一幅壮丽富饶的北国草原风光映入眼帘，激起了我一片豪情。顺着文化旅游区的道路一路观看，圣主广场、呼和敖包等景点点缀在草原之中，映衬着绵长的阴山，敖包下的美丽传说又将人们拉回到十七八岁的青春。

夕阳余晖在我们碰杯声中消退，酒足饭饱后，踏着草原上的夜色，我们住进了属于我们两个人的蒙古包。第三天清晨，妻子早早起来，来到蒙古包外，初升的太阳把蒙古包照得格外明亮。吃过早饭，我们一行人乘坐大巴前往响沙湾。草原深处的沙漠，黄沙金黄，我们骑着骆驼，向沙漠深处行进。巨大的蒙古包形状的表演厅里挤满了看演出的人们，马头琴、男女对唱、迎娶新娘，每个节目都非常精彩，我们陶醉在蒙古族人们的热情之中，看完表演，我们又来到沙雕园，妻子站在园外的平衡秋千上，仿佛回到了少年时代。我们玩了沙地摩托、索道飞人、沙地轨道自行车，无拘无束的感觉让人精神倍增，我在沙地上来了一套多年不做的武术动作，时而弯腰，时而跳跃，妻给我来了一组连拍，为我留下了矫健的身姿。回程的路上，我们从高高的沙坡上滑下，享受了一回风一样的滑翔。

午后的黄花沟温度接近20摄氏度，温暖如春，从山坡一直下到沟底，再沿着沟底一路前行，山坡上的树木、青草、岩石以及不知名的小花，形成了一幅独特的拼图。从两个山头之间向外望去，蓝天清秀高远，与山峰、沟谷相融，令人心中一荡。从沟底向上，来到一处高高的敖包，七彩的经幡笼罩在敖包的上方，风把经幡吹得劈里啪啦作响。我们围着敖包转了三圈，为家人、为朋友、为自己默默地祈祷和祝福。太阳西照，把我的身影拉得很长很长。三天的辉腾锡勒草原之行，圆了我的草原梦，妻子也因为我的陪同显得特别开心和满足。

十月上旬的英伦，有着它独特的印记，从大英博物馆到剑桥大学，从牛津大学到伦敦桥，从莎士比亚到牛顿，从女王城堡到首相庄园，从威斯敏斯特大教堂到大本钟，从康桥到温德米尔湖……一路上的时光、故事和风景让人留恋、让人感慨。看着妻子的灿烂笑颜，我禁不住提笔写道："风景里有历史的沉淀，有人生的感慨，你我行走的路程都在风景里永恒，各自闪耀着自己的光芒。中西文化之间以及古今文化之间都常常碰撞出片片火花，没落的化为灰烬，新生的磅礴而来，我们在这文化大潮中洗礼，在这时代变迁中进步，也在这行走中获得一种精彩的熏陶。"

这些年，我总在奔忙，大自然的伟大和缤纷给了我强大的力量。工作之余，我体验了张家界的俊美雄伟，目睹了黄山的云海苍茫，欣赏了九寨沟的神奇秀美，瞻仰了玉龙雪山的高傲冷艳，感受了大草原的宽阔雄壮，更感知了大海的辽阔浩瀚……一颗沾满灰尘的心被不断涤荡，内心越来越平静，越来越安详。世界如此美丽，你有何理由不爱她？

探究山的秘密

《西游记》和"八仙过海"的故事，在我很小的时候便已深入我心。我在羡慕钦佩佛祖和大仙法力的同时，也深深地感到，无论是成佛还是成仙，都得经过艰苦的修炼。

"菩提本无树，明镜亦非台，本来无一物，何处惹尘埃。"六祖慧能的四句偈，是我们这种凡俗之人恐怕永远也达不到的境界。但人生本来就是一场修行，尽管我们所说的不是佛家那种至高无上的修行，但我们也总是在不断地改善言行，净化心灵，彼此共同创造一个和谐社会和家园。我虽然很少看佛经，但我对佛教文化有着一种发自内心的尊重和敬仰。我对我国的佛教名山的起源和发展也做过了解，知道我国佛教四大名山分别是山西五台山、浙江普陀山、安徽九华山、四川峨眉山。

五台山，佛教圣地之一，文殊师利菩萨道场。文殊菩萨是大智慧的象征，能开发智慧，提高悟性。传说文殊菩萨预知释迦牟尼佛将在伦比尼园出世，而当时尼泊尔还是一片荒凉沼泽之地。于是，文殊菩萨慈悲为怀，不畏艰辛，提前二十余年，率领众弟子数十人，由五台山至尼泊尔，移山填沼建造城池，以迎接释迦降临人间。史载佛教传入五台山，经历了一场与道教的争斗，最终佛教经"赛法"获胜。五台山由东西南北中五大高峰组成，据说代表着五种智慧，东台望海峰代表大圆镜智，西台挂月峰代表妙观察智，南台锦绣峰代表平等性智，北台叶斗峰代表成所作智，中台翠岩峰代表法界体性智；五台也代表着五方佛，东西南北中台分别代表着阿閦佛、阿弥陀佛、宝生佛、不空成就佛、毗卢遮那佛。五峰各有特色，中国佛协前会长赵朴初曾填词称赞东台曰："东台顶，盛夏尚披裘。天着霞衣迎日出，峰腾云海作舟浮，朝气满神州。"西台则是由于月亮升起至其顶峰时，犹如悬挂着的明镜而得名。南台四周山峰高耸陡峭，烟雾缭绕，草木茂盛，就像铺上了华锦。北台顶部平广，从地面往上看去，其山巅犹如斗杓。中台更是云雾升腾，下雨的时候烟积翠峦，寒气袭人。五台山主要寺庙有显通寺、塔院寺、菩萨顶、灵应寺、殊像寺、龙虎寺、碧山寺等。

　　普陀山，位于浙江舟山群岛，是观音菩萨道场。观音菩萨，全称观世音菩萨。观世音是鸠摩罗什的旧译，唐玄奘新译为观自在，观世音菩萨是佛教中慈悲和智慧的象征。据佛经所述，观世音是过去的正法明如来所现化，他在无量国土中，以菩萨之身到处寻声救苦。普陀山，原名梅芩，受《华严经》的影响，改名为普陀山。据说，在唐宣宗大中十二年，来华求法的日本僧人慧锷，在五台山请到一尊观世音像，想带到日本供养。慧锷从宁波四明出海，当船经过梅芩附近时，狂风滔天，海浪汹涌，海面伸出了许多铁莲花，船无法前行，被迫将观世音菩萨像留在梅芩岛上供奉，人们听说观世音菩萨与该岛有缘，纷纷前来朝拜。普陀山现存有三十多座寺院，散布于全岛，其中普济禅寺、法西禅寺、慧济禅寺，并称三大寺。普陀山除了这些佛教寺院外，还有美丽的景色，其海天景色令人振奋。

　　九华山，位于安徽省池州市，是地藏王菩萨道场。地藏王菩萨，因其"安忍不动,犹如大地,静虑深密,犹如秘藏"而得名。据佛典记载,地藏王菩萨在过去世中,曾经几度救出自己在地狱受苦的母亲,并在久远劫以来就不断发愿要救度一切罪苦大众尤其是地狱众生,因此也被称为"大愿地藏王菩萨",唐朝时期来华求法的比丘被认为是地藏王菩萨的化身,其所在的九华山也被视为地藏王菩萨的应化道场。九华山共有九十九座山峰,以天台、十王、莲华、天柱等九峰最为雄伟。九华山现有寺庙八十多座,不仅以佛教人文景观著称,而且山水雄奇灵秀,气候宜人。九华十景为:天台晓日、化城晚钟、东岩晏坐、天柱仙踪、碧桃瀑布、莲峰云海、平岗积雪、舒潭印月、九子泉声、五溪山色。

峨眉山,位于四川省峨眉山市,是普贤菩萨的道场。普贤菩萨,世称为十大愿王,象征着理德、行德和大行愿,他以智导行,以行证智,解行并进,完成求佛者的志愿,又称为"大行普贤菩萨"。峨眉山,巍峨秀丽,有着优美的自然风光、悠久的佛教文化、丰富的动植物资源和独特的地质地貌。登上峨眉金顶,极目四望,岷江、青衣江、大渡河、大雪山、瓦屋山、贡嘎山等尽收眼底,千山万水,起伏跌宕。清晨,从金顶往下看,云雾翻腾,变幻莫测,夜晚,有荧荧火光,一明一暗,下午,有时会看到五彩光环浮于天际,影置其中,影随人移。

虽然对佛教四大名山倾慕已久,但至今我只去过普陀山,究其原因实也无特别原因。可能在我的内心,总想着等待一个好的时机,也许是在多年以后,又或许在最近几年。很多现代人的功利早已改变了初心,我一直提倡心里有佛,积善行德在平时,佛祖慧眼看天下,如果你平常不做善事,即使你天天拜佛,恐怕佛也会对你置若罔闻。慧能大师在《六祖坛经》里说:"圣人求心不求佛,愚人求佛不求心。"心外无佛,自己纯真的本性就是佛,因此,每个人只要把心治好,有善良正直的言行,有知足常乐的心态,生活才会安详幸福,修行也许应如明代吴承恩所写:"佛在灵山莫远求,灵山只在汝心头。人人有座灵山塔,好向灵山塔下行。"我去寺庙,几乎不会跪拜,常常双手合十向佛施礼,用心去聆听佛之圣言。从小至今,我绝对不会去伤害任何一个人,我也常常去做一些力所能及的善事。从小时候帮隔壁邻居老奶奶打水、帮拉车人推车上坡,到工作后捐款救灾、捐款救人、捐款造林、捐款支教以及辅助他人,等等,虽然这些事情我出的钱出的力微不足道,也根本不值一提,但我想,佛都会看在眼中。我绝不会因此而求佛,请佛祖让我发意外之财,我只求一生平安,家庭幸福,朋友安康。

工程行业是安全事故高发的危险行业,也是能够较快赚到钱的行业,但一旦出了安全问题,那就成了"竹篮打水一场空",因此,老板和公司领导们常常会组织大家去烧香拜佛。上海离普陀山很近,所以从上海去普陀山的人很多。做土木工程的要动土,再加上九华山离上海也不远,所以土木工程老板们也常去九华山拜地藏王菩萨,烧香拜佛的主要目的是保佑平安无事和财源广进。我第一次去普陀山是跟随朋友一起前去的。头一天上午到达舟山市,中午晚上尝够舟山渔场的海鲜。第二天吃过早饭去普陀山,到达山上之后,直达事先预定好的宾馆,放置好行李后,中饭点几个简单的素菜和主食,简餐完毕大家回房休息,至下午三点多钟从宾馆出来到海边的沙滩及其他几个主要景点，观海赏景。及至快到晚饭时间，回宾馆吃晚饭，为全素宴，饭后回房休息斋洗。到第三日清晨，吃过全素点心后，开始前往普济寺烧香祈福，拜完普济寺的佛，又先后到法雨禅寺和慧济禅寺修行参拜。之后，又游玩了紫竹林、海天佛国、香云路、青牛石、不肯去观音院等景点。登山眺望，碧海波光，远处岛屿座座，浮于海面之中，水天一色，一幅山海辉映、水天交融的壮阔美景，令人心旷神怡。熏陶了佛教文化，欣赏了山海美景，一行人在第三日午饭后返回上海。

去黄山的时候，常常会路过九华山附近。路岔口的地方，指向九华山和黄山的路牌在敲打着我的心灵，有时真想驱车前往九华山，去看一看那神奇的地方，听一听地藏王菩萨讲他那修炼传教的故事。但终究是工作的负担战胜了内心的向往，也许缘分未到，只有再耐心等待，千万不要刻意去烧香拜佛，以免惊扰菩萨的讲法，找个时间，偷偷地静静地去听一场地藏王菩萨的说法。

总是羡慕那些博学多才的人们，尤其是文化素养极高又懂佛学的高人，也想像他们那样游历佛教名山，开启智慧，德行天下，礼待他人，在佛经里升华，在生活中悟彻。

第七章

扛得住冲击

　　我们崇拜经典，也把玩流行；我们把经典里的励志当作人生的新起点，也把经典里的多情当作自我解嘲；我们把流行的欢乐当作人生的减压良方，也把流行的精华提炼成永恒的经典；我们渴望飞到另外一个时空，在虚拟的世界里享受挪移的幸福和快乐，也在现实中不断追求完美。

你喜爱什么

"经典与流行"是一个经久不衰的话题。不论你如何理解,你也许对经典和流行都会有那么点喜欢,而这也时常融入你的生活,相伴你左右。

经典是指具有典范性、权威性的经久不衰的传世之作,经过历史选择出来的"最具有价值经典的",最能表现本行业精髓的、最具有代表性的、最完美的作品。古今中外,各个知识领域中那些典范性、权威性的著作或作品就是经典,尤其是那些重大原创性、奠基性的著作,更被称为"经","典"的本义则是指重要的文献、典籍。经典大致可分为文学经典、哲学经典、自然科学经典、艺术经典等。《三国演义》《水浒传》《西游记》《红楼梦》这四部我国古代著作属于文学经典;《道德经》《论语》《易经》《理想国》《悲剧的诞生》等属于哲学经典;牛顿的力学理论、爱因斯坦的相对论、达尔文的进化论等属于自然科学的经典;艺术经典则涵盖了音乐、舞蹈、电影、建筑等多个领域,比如,《高山流水》《十面埋伏》《梅花三弄》《二泉映月》《广陵散》等属于古典音乐经典,《蒙娜丽莎》《向日葵》《虾》《奔马图》《黄山松》《黄河颂》等属于美术方面的经典,《人鬼情未了》《马路天使》《乱世佳人》《地道战》等属于电影艺术经典,卢浮宫玻璃金字塔、美秀美术馆、苏州博物馆、巴伦西亚科学城、中国银行总部大厦等属于建筑艺术方面的经典。

经典是具有灵魂的作品,代表着一种创造性的精髓,不是随便用作标榜自己，它是古人或前辈为人类留下的精神财富，也是人类不断追求卓越的印记。经典值得我们每个人学习和发扬，向经典致敬。

流行是指社会上一段时间内出现的或某权威性人物倡导的事物、观念、行为方式等被人们接受、采用，进而迅速推广直至消失的过程，是一种普遍的社会心理现象。流行的事物、观念、行为方式等不一定是新出现的，有的是以前就出现或已经流行过的，只是在新的一段时间又流行起来。流行涉及社会生活的各个领域，包括服饰、音乐、美术、建筑、语言、娱乐、舞蹈等。流行的心理因素是动机，具体表现为：要求提高自己的社会地位；获得异性的注目与关心；显示自己的独特性以减少社会压力；寻求新事物的刺激，自我防御与自我陶醉等。流行的社会因素包括：对新技术、新思想的宽容并予以鼓励与尊重的社会环境；传播媒介的发达、商业网络的健全及权威人士的参与，能扩大流行范围并加快传播速度。一般来说，喜欢华丽的人，对流行更加敏感，虚荣心、好胜心强的人，易追求时尚。追逐流行能给参加者一种刺激，这种刺激可以满足他们的某些心理需要。

流行的作用有积极和消极两个方面。其积极作用是可以满足人们的某种需要，可以消除抑郁、焦虑等不良情绪，可以帮助人们达到一种心理平衡，可促进社会不断出现新事物及新观念，从而促进社会进步，使社会保持良好的秩序和活动；其消极作用是造成人们的一种心理病态，过分追求一种虚荣，使人变得狂妄自大，使人的世界观混乱，经常使人做出常人难以理解的事情，对法律秩序及道德观念造成干扰，在社会上造成不良影响。

　　流行的不一定成为经典，但经典的一定会流行。我国的四大名著、莎士比亚的戏剧、柴可夫斯基的钢琴协奏曲、贝聿铭的建筑设计等各个领域的经典至今一直被人们传颂、演奏与模仿，从中可以看出，经典的作品能给人们带来一种良好的视觉、听觉享受及思想共鸣，能给人一种美好的体验，能让人们精神愉悦和气质升华，具有一种勇敢向上的激励作用。人们通过学习经典从而不断提高自己的文化艺术修养和科学知识水平，不断创造创新，推动社会的进步和发展。比如，人们通过学习牛顿力学及爱因斯坦相对论，发明了许多动力设备，发现了许多粒子，从而为社会交通出行、通信通话、动力制造等进步发展起到了重大推动作用。

　　由于人们的文化素养、生活阅历、知识领域、从事行业及所处社会环境不尽相同，因而对于流行的认识和接受度就不会完全相同，但人们的普遍审美观和善恶观大致相同，对于流行中的"真善美"与"假恶丑"都会有一个较为准确的判断，所以，被操纵的"假恶丑"虽然可以短时间内被"流行"，但最终会被人们识破，将其打入历史的深渊。

　　信息技术的发展，让网络成为人们生活中不可或缺的一部分，无论是经典还是流行都随着信息技术的发展走进了千家万户，走进了百姓的平常生活。打开音乐软件，随时可以欣赏到经典或流行的音乐，只要是你喜欢的，你尽管去点击或下载，戴上属于你的耳机，享受属于你的音乐；打开书库或朗读软件，你可以随意选择想读或想听的书籍、文章、诗词，你会沉浸在书的海洋，遨游在文学的世界；打开购物商城的页面，琳琅满目的商品应有尽有，你看中了一款服饰、一款化妆品、一件生活用品……你只需轻点直接付款或加入购物车筛选后付款，你心仪的商品很快就会通过快递送达你的手中；一个词汇、一句台词、一段幽默、一个搞笑视频、一段热舞，等等，只要是你想要的、你热爱的，都可以在网络世界找到。

不知不觉中，上网成了这个时代最普及的"流行"。生活教会了我们很多，学习高雅的经典，学习高尚的流行，在学习中成长与创新，打造属于这个时代的精神高地，建造属于这个世界的快乐家园，让经典永远流行，让流行成为经典。

你以为你熟悉职场

职场，是人与人之间交往最为频繁的环境或空间，职场上人际关系的融洽与否主要取决于人们的为人处事方式和彼此的认知度，当然，思想观念的不同与碰撞也在很大程度上决定了是否被彼此认同。在信息传播很落后的时代，人们通常通过书信或面谈来交流彼此的感受，而在当今网络发达的信息时代，所有的评论在一夜之间便能传遍街头巷尾。

由于网络传播速度惊人，很多关于职场上的人和事的评价，很快会得到对其认可的人们的转载，认可的人越来越多，转载的数量就越来越大，职场上的人生也就无形中进入了网络的流行世界，不管是自己的真实写照还是他人的万种风情，都会如风般地吹散开来，带着几分幽默和几分从容进入了寻常百姓之门。这些年，关于职场上的流行语层出不穷，花样也不断翻新，这里姑且列出一些，和大家一起重温其详。

In or Out，流行或者过时，这是2003年在香港开始流行的，"IN——北上内地和OUT——移民海外"之所以流行，主要是香港地区那个时期谈论的热门话题是"你北上了吗"，而不再谈论"你移民海外了吗"。"IN"代表流行，"OUT"则代表了落伍，我们有理由相信没有人愿意落伍。

FT（faint的缩写）：晕。FT在年轻人中几乎成了口头禅，彼此一见面就是FT，不管别人说的是什么。尽管我有点"崇洋媚外"，也不太喜欢这种无中生有的夸张，但还是无法抵挡"FT"在年轻人中的盛行。

GOOD，是"Get—Out—Of—Debt"的缩写，意思是"偿清债务"，流行语中简称为"GOOD工作"，实际上它与"good工作"的意义差别很大。"GOOD"是虽然可以从事薪水待遇很高的工作，但只是为了偿债，一旦债务偿清，从事该工作的人就会离开。而从事着"good"工作的人，则是真正地喜欢自己的这份工作，不会因为钱而离开。所以找到一份"good"工作对于我们来说更为重要，因为它会让你找到自我价值所在。

"钟摆族"。"钟摆族"是随着现代化交通业的发展而出现的一个职场热词，它主要表现为工作生活双城化。比如，房子两地买、婚姻周末化、社交网络多城交叉等。在城市群发达的地区，这种现象的出现给城市规划者们带来了一种全新的提醒，在完善医疗、交通、学习等基础设施建设的同时，还应注重卫星城功能的健全服务性等城市功能的规划和建设，并在一定程度上保持"钟摆族"较低的生活成本，在不久的将来，职场上接受尝试"城际化模式"的时代便会到来。

"橡皮人"，是现代社会职场上的一种病态。由于现代社会的流水线生产模式大大地提高了工作效率，使得人们对成就和感受的追求一再降低，部分职场上的人经过几年的工作后，变得神经麻木、痛感消失、效率低下、反应迟钝，犹如"橡皮"做成的，不愿意接受新生事物和意见，对批评或表扬无所谓，没有耻辱观和荣誉感。要改变这种现象，公司和员工都要做出积极的努力，多创造一些文体娱乐活动，使得职工充分交流，不断提升员工对生活和工作的热情和兴趣，让每个员工积极参与工作创新，活跃员工的思维，提高员工的思考和判断能力，让员工深刻意识到公司的成就有着每个员工的一份贡献，根据公司总体业绩考虑员工所关注的薪酬及身心健康等。

"软实力"是指除了学历、文凭、经验之外的一些能力，比如在实际工作中"会唱歌、酒量好、写字漂亮、会打扮、会聊天"等。软实力和硬实力同等重要，相得益彰，要是一个人职场上软硬实力都很强，那么他在职场上的表现可能就会如鱼得水、应付自如。软实力的走红是现代社会价值观趋向多元化的体现，在群体中彰显自己的才华，激发自我展现的愿望，进一步提高自己的社交能力，在一定程度上也是个人自信的体现。整合好软实力和硬实力，是新一代职场上的人们所应考虑和具备的。

"鸭梨"是"压力"的谐音,在拼音输入法里首先出现的词是"鸭梨",网络上有人不知是故意还是无意,把"压力"打成了"鸭梨",引来无数人模仿。"鸭梨很大"是"压力很大"的谐音,所以感受到压力而又不愿受压力所迫的网民们便有了释放压力的戏谑之言,也是人们生活小智慧的体现,有时也会把压力很大说成"鸭梨山大"。至于"鸭梨"与"压力"的应用,我个人认为在非正式的文本里可以用"鸭梨"来代替"压力",以缓解人们工作的紧张情绪,但在正式的文本中绝不可以乱用,以达到正本清源的效果。

"给力"一词这些年里在网络上大肆流行,实际上是某人或某个群体所做的事情给人们带来了一种物质或精神上的满足感。"给力"这些年来逐渐成了职场评定的最高标准。在"最给力"的老板排名中,送奔驰车、送海外旅游作为福利奖励员工的老板们荣登榜首位置,那些勤奋上进、在岗位上不辞辛苦默默工作的职场人被评为最受企业青睐的"给力"员工。什么样的企业最给力?什么样的员工最给力?我相信大家都有一个评判标准。作为员工,对待工作"尽其力,用其心",作为企业,对待员工"敬如兄,爱如弟",这样的员工和企业在任何时代都会受到人们的认可和爱护。

"Moonlighter",直译就是"月光人",职场中意思为"从事第二职业的人"。2003年7月,上海推出了允许在职人员向企业出资入股的新政策,鼓励在职人员帮别人打工的同时,自己开公司、自己做股东、自己做董事……一下子,各行各业的兼职者数量迅猛增加,与兼职有关的词汇也被人们常常挂在嘴边。英语里的"Moonlight"

就是其中最为生动形象的用词。Moonlight 原意为月光，引申为从事第二职业。既然是兼职，当然白天得做好自己的本职工作，只有等月亮爬上了天空才会有空做第二职业，所以兼职者又称"月光人"。初到上海的一段时间里，我就当过"月光人"，每天晚上打开电脑，为别人写各类工程技术成果报告或方案，这也成了我甩掉"贫穷与落后帽子"的一项职业。"月光人"，人生奋斗的历程里，做上一段时间也许是对你拼搏的最好诠释。

职场流行语的产生与人们所处的开放环境、信息化时代、双城化生活、繁忙的工作、高昂的房价、盲目的决策等都有着密切的关联，也充分反映了人们对现代社会工作的种种不满和期望。不论职场如何变化，保持一颗快乐的心是"以不变应万变"之根本，"咬定青山不放松，立根原在破岩中。千磨万击还坚劲，任尔东西南北风"，这也许才是职场精英们最该具备的品质。

生活需要点添加剂

为了改变材料的某种性能，使之更好地达到某一种使用功能，人们常常会在材料的生产制作过程中，往里面添加某种物质，比如改变材料的柔韧性、增加材料的强度、增大材料的和易性，等等。我们的生活并不是只有诗和远方，也并不是只有惆怅和迷茫，或者伟大和坚强，更多的时候还需要一种诙谐，一种幽默，让生活的航船张开快乐的风帆，在漫漫的人生旅途上，时常激荡起欢腾的浪花。

　　人类的发展与政治、经济、文化、军事等方面的进步密切相关，这些领域也和柴米油盐酱醋茶一起，占据了我们的生活，当然还有"爱情"这个贯穿人类发展的主题。常言道"高手在民间"，劳动人民之所以能把日子过得有声有色，除了勤劳致富外，还要归功于他们有一颗强大而包容的心，这里起到润滑剂作用的便是语言的魅力。

　　无论你是有过爱情，抑或正在向往爱情，我相信，每个人的爱情都有属于自己的浪漫，也都有着别人所不能享有的青葱。"一念起，万水千山。一念灭，沧海桑田。"对爱情忠贞与否，决定了相爱的人能否携手一生。在爱情的世界里，也许最难以忍受的就是那一句"什么都是浮云"；一旦你走进了婚姻的殿堂，无论是男方还是女方，你要做的就是包容和支持，"婚姻的难处在于，我们是和对方的优点谈恋爱，却和他（她）的缺点生活在一起"。是的，"人无完人，金无足赤"，即使再优秀的人，你的性格和三观也不可能完全控制和占领另外一个人的思想地盘，我们要始终记住"最美的不是下雨天，是曾与你一起躲过雨的屋檐"的美好，和"我在这里，你就不会没有家"的真心誓言。

　　爷爷奶奶、外公外婆、父母、兄弟姐妹、孩子、爱人，这是一个完整的大家庭，你和你的爱人、孩子又是一个完整的小家庭。菜篮子时时刻刻都是我们每个家庭所关注的对象，老百姓总是希望吃穿用都价廉物美。但市场经济及通货膨胀难免会导致物价上涨，什么"蒜你狠、豆你玩、糖高宗、姜你军、油你涨、苹什么、鸽你肉"等千奇百怪的词语，时常成为人们饭后的谈资，人们在不断的调侃中依然把日子过得有滋有味。

　　每个人的生活都不容易，每个人的身后都有一个令人感动的奋斗故事，"在这个悲情的世界里，我深情地活着"，也许是你曾经艰难前行的真实写照，"城市套路深，我要回农村"，则是一种对于在城市打拼无果的无奈描述。不论你生活在哪里，适应环境肯定是必要的，你肯为这个世界做出改变，这个世界才会被你所改变。生活的快节奏和人性的自私及媒介的多元化，给人们带来了更大的压力，也给人们之间信息传播带来了个性化和时效性："世界那么大，我想去看看"，充分体现了人们不再把工作作为生活的全部，也充分表现了人们想改变环境和生活方式的愿望；"我的内心是崩溃的"和"蓝瘦香菇"则是在消极中带着调侃，人们需要通过这种自嘲的方式，来宣泄心中的郁闷和压力，以此拉近与他人的距离；"使尽了洪荒之力"，则体现了一种顽强向上的拼搏精神。我们在奋斗中前行，我们在调侃中拼搏，生活给了我们无数的启示和感叹，也给了我们智慧和幽默。"痛并快乐着"，看看你自己走过的路程，也许你会为自己的伟大或平凡点上一个大大的赞，在伟大中见证平凡，在平凡中体现伟大。

　　在充分展现自我的时代，"网红"悄然改变人们的心境和思想，一种新的虚荣和浮躁充斥着网络和现实世界，标题党们肆无忌惮地翻新着标题的花样，恨不得把全世界人的眼睛都吸引过去。"装"的表现有很多种，比如：与人约会不管有事没事，都先装作日理万机的样子；分明手中拿着电话百无聊赖，打通电话后先看着电话响上半天；约会总是迟到半个钟头，姗姗来迟；经常在朋友面前炫耀吃过各种大餐；在领导面前一副忠心耿耿的样子，领导开会却一个字都没听进去；和别人谈话时跷着二郎腿，心不在焉的样子；口头上总说不需要别人的理解，心里却渴望与别人分享心中的寂寞，等等。"装"的人通常存在极度缺乏安全感、严重自卑以及过度缺爱等心理特征，因而，做真实的自己和不断学习就显得尤为重要。克服"装"虽然很难，但也不必"明明可以靠长相吃饭，却偏偏要靠才华"地满世界卖弄。真诚才会显得可靠，实学方可赢得尊重，但愿"装"不再撩人。

生活在地球村的人们，或多或少都有几个朋友，能成为莫逆之交需要彼此的认同，共同进步则是良师益友的美好表征。网络信息化的普及，使得传统型的人际交往向多元化的新型交友方式转变，人们可以在彼此不见面的情况下成为游戏队友、文学笔友、微博博友等。友谊也会在虚拟的网络世界里开花结果，每天彼此看看微博、分享一下旅游心得、体验一场游戏大战，也渐渐成为人们日常生活的一部分。朋友理应互帮互助，但在你自认为"闺蜜"或"男闺蜜"的朋友面前也请好自为之，不要太多干涉他人的私生活，否则，你很可能会成为"人见人恨"的嚼舌王。

一个时代的进步与科学技术的发展紧密关联，一个国家的发展与其领导者们制定的政策息息相关，今天的美好生活展现了改革开放以来国家政策决策制定的正确和英明，生活在这个时代的人们与国家发展早已结成了同呼吸共命运的整体。从"实践是检验真理的唯一标准"到"摸着石头过河""不管黑猫白猫，捉住老鼠就是好猫""发展才是硬道理""科学技术是第一生产力""尊重科学，尊重人才""以人为本",再到"绿水青山就是金山银山""人民对美好生活的向往与发展不平衡不充分之间的矛盾",这些耳熟能详的政策流行语,体现了对千年思想禁锢的解放,体现了科学可持续发展的重要性,体现了党和国家带领人民创造美好生活的决心和智慧,也体现了人民对幸福生活的不懈追求。如今,一个"富强、民主、文明、和谐、自由、平等、公正、法治"的美丽中国正阔步向我们走来。

我们热爱古典文化的优美,也喜爱流行语的表意;我们喜爱传统文化的严谨,也喜爱新生文化的宽容。"日出江花红胜火,春来江水绿如蓝"让无数人陶醉在江南的如梦仙境,"不要迷恋哥,哥只是个传说"也让无数人沉浸在那洋洋自得的调侃中。

自娱自乐别沉迷

网络技术的发展,在给人们工作带来便利的同时,也给人们业余生活带来了丰富多彩的内容。但事物都有两面性,如何控制不利的方面,也许是网络信息时代的人们必须考虑和付诸行动的问题。

人们之所以沉迷于抖音、快手等娱乐APP中,除了"从众"心理外,还与人的其他心理活动和行为有着千丝万缕的联系,以下列举一些常见的心理表现:

"花痴心理"。视频里的帅哥靓妹一批接着一批,喜欢美是人们的天性,犯花痴成天看视频也就不足为奇了。

"寂寞空虚冷"。长期生活在一起的夫妻，感情趋于平淡，刷视频看别人的恩爱二人世界，在自己的爱人面前学一学，陶冶一下情操，活跃一下气氛。

"盼二代"。视频里晒娃坑娃的大有人在，几个月的宝宝也可能拥有大批粉丝，对于想要孩子的人那是一个羡慕嫉妒恨，总渴望自己尽快有个小宝宝。

"补梦想"。人各有志，追求艺术梦的人成千上万，有才华却不得志的人也比比皆是，借助娱乐社交平台，展现一下自己的音乐、舞蹈、绘画等艺术才华无可厚非。

"寻开心"。平时的工作和生活过于紧张和苦闷，刷一刷视频，瞬间心情开朗，笑一笑十年少。

"学知识"。软件平台上教授美食的、教生活常识的、教野外生存技能的屡见不鲜，从中学到一些自己需要的知识也是有可能的。

不论你以何种理由或心态去玩小视频及其他APP，绝不能把它作为你生活的全部，否则就会深陷这种娱乐泥潭而无法自拔，甚至会给你带来终生悔恨。这绝不是危言耸听。这里列举几个案例来看看这些沉迷于手机网络及娱乐视频的危害之大。2017年1月，一个母亲带着孩子在某海湾温泉世界玩。这名男童在池内戏水，他母亲却背对着孩子专注地玩手机，身后的孩子溺水身亡；2018年6月，湖南某地，一名孩子的爸爸下车后低头玩手机，他幼小的儿子自己打开车门并跑向马路路面，被货车碾压而死；2015年5月，中山一女子过马路时低头专注玩手机，被渣土车碾压身亡；2015年10月，义乌一男子过马路玩手机被撞身亡，手机还在播放着视频；2015年

6月,四川某地一名女子玩手机,腿被卡进下水道。这类案例层出不穷,究其伤害特点,一是过失导致亲人死亡或受伤,二是导致自己死亡或受到身体伤害;若往深层次分析,无论是死亡还是伤害,都对过失者及其亲人造成了极大的精神伤害,在他们内心深处更多的是苦涩或后悔的眼泪,痛苦也许会伴其一生。

　　过分沉迷于网络娱乐会导致人们思维水平低下,精神无法集中,对身边的人漠不关心,对工作产生不满等各种常人无法想象的状况发生,除造成意外伤害之外,还会造成人格不全、缺乏进取心、难以融入社会等隐性危害。在这里我也列举几个例子,以便唤醒我们对网络娱乐的正确认识,也希望我们在享受此类娱乐带来的快感的同时,做到张弛有度,不要陷入此类娱乐的陷阱之中。安徽一少年为了更好地打网络游戏而离开家到网吧打网游十一天,其间一开始一天吃一袋方便面,后来三天才吃一袋方便面,晚上三张椅子拼起来往上一躺就睡了,回家后喝剧毒农药自杀,经抢救无效身亡;四川某市一个宿舍里,四名少年用刀杀死了一名男子,后经公安机关调查,杀死该名男子的竟然是酷爱网络游戏的高手,事情起因是在网络游戏里彼此厮杀而导致的……类似以上事例很多,其主要原因是网络游戏世界里的三观侵蚀了现实世界里的玩家,玩家已无法从那种"天下唯我独尊"的网游精神世界里走出,用通俗的话来说就是中了"心魔"。各类小视频上的各种动作在让人们惊叹的同时,也让有些人不断地跟风和模仿。前一段时间,一位爸爸想模仿一个双手交叉180度翻转的动作而失手将2岁的孩子摔落在地,孩子头部着地,导致脊髓严重受损;因受"同一个人化妆前后的差距有多大"

的影响,许多孩子偷偷拿着妈妈的化妆品乱涂一通,导致损伤容颜和皮肤的事件时有发生……低成本、好玩、新奇、刺激充满了小视频的世界,可谓"一夜怒放花千树,看完这家看那家",永无休止地播放,把这个世界上无法实现的梦想全都塞进了那无垠的网络时空。

从古至今,为生存、为荣誉、为民族、为理想而战斗和牺牲的英雄们恐怕怎么也不会想到,"在科学如此发达的今天,竟然有这么多为娱乐或为一段视频而不惜献身的人们"。然而现实确是如此。无论是制造网游的还是打网游的人们,无论是拍小视频的还是观看小视频的人们,他们都在用自己的生命和青春浪费属于他们独有的篇章。我不敢多说什么,只希望他们能跨过这一段泥泞之河,去发现更为精彩的风景,去走一段更加美丽的路程。或许唯有"自律"才会带领他们走出迷幻的网络娱乐"伊甸园",重新高唱那自强不息的生命之歌。

当一个时代发展到你要为寻找两个人静心地坐在一起来品尝那淡淡的香茗而发愁,你要为寻找几个朋友专心地吃一顿饭而发愁,你要为寻找一片恬静的地方安心读一本书而发愁,你要为那些视若无人的拿着手机闯红灯的人而耐心等待,你要为……你说这个时代是进步了还是退步了?也许物质技术条件进步了,而人的精神世界却退步了。人们让那些无聊又无奈的事情占据了他的时间和思想,网娱夺去了他们作为人父人母、人夫人妻、人子人女的温情。当孩子回到家看到的是父母各自玩着游戏、看着视频而不是热情的笑脸和热腾腾的饭菜时,这个孩子的失落也许会将他打入冰冷的深渊;当伴侣想诉说心中的苦恼时,他的另一半只会自顾自地玩着手机时,他或许会因此而丧失奋斗的志气……因为这个世界只有网络娱乐，再也没有了亲情、爱情和友情，再也没有了奋斗、高雅和伟大。

放下手中的手机，停止网游，为父母扫一扫地，这是一个孩子的自律；放下手中的手机，停止观看视频，去陪孩子一起踢踢球，这是一个父母的自律；放下网娱工具，去为家人买菜做饭，这是一个家庭成员的自律；放下网娱工具，去系统地读些书，这是一个奋斗者的自律；放下网娱工具，去为企业的发展多做一点贡献，这是一个企业当家者的自律；放下网娱工具，去为老百姓解决一点实际困难，这是一个地方领导者的自律。放下手机，去健身房；放下手机，去图书馆；放下手机，去体育场；放下手机，去公园、去江边、去社区、去商店、去茶馆，专心地享受一下生活的美好，尽情地享受一下自然的美丽，无悔地挥洒一下青春的汗水，体验一回真正的朗朗乾坤。

世界本不只有网娱。如果网娱占有了你的世界，那是你失去了自律精神。离开无休止的网娱，你的人生定会绚丽灿烂，你的前程定会充满光明。

百变世界的本质

"雾里看花，水中望月，你能分辨这变幻莫测的世界。涛走云飞，花开花谢，你能把握这摇曳多姿的季节……借我借我一双慧眼吧，让我把这纷扰看得清清楚楚明明白白……"早在1993年，那英演唱的这首《雾里看花》就把这个社会的人生百态叙述得淋漓尽致,然而直至今日,我们依然昏昏然地沉浮于现实和网络相互交融的世界里。

常言道"万变不离其宗",我们的祖先早已把自然物质的本质特性予以了高度概括。基础科学的研究,是掌握自然规律和技术发展的根本,但或许是祖先们过于关注自己的政权,而忽略了最基本的科学研究和发展。纵观历史,西方之所以用我们祖先发明的火药敲开了我们国家的大门,那是因为西方人不仅研究了火药的特性,还研究了发射火药的枪炮机械特性,而我们的先人只停留于研究火药的表性,对于爆炸力学、机械力学、空气动力学等基础科学研究毫无兴趣,最终让我们的民族经受百年屈辱。"以不变应万变",虽然是一种政治或军事谋略,但也同样适用于科学技术的研究与发展。只有掌握了物质的根本特性和事物发展的核心技术,你才会有以不变应万变的从容和淡定,你才会有一双看透这百变世界的慧眼。

你也许还在疑惑,为什么一个小小的芯片就掀起狂风巨浪?美国人为什么敢发动史无前例的贸易战?也许正如大家所说的一样,更多的是政治因素,然而所有的政治都不会是空谈,而是以强大的综合实力为基础,尤其是经济实力和技术实力更是举足轻重。仔细回顾和反观这些年的经济及技术的发展,我们不难发现,大部分高端技术产品的核心技术都依赖于国外进口。人们不禁要问,难道我们国人的能力就那么差?非也。我们国人的各方面能力都很强,但在经济大潮的冲击下,人的三观都已经产生了变形和扭曲,"全民当富翁""全民富二代"等现象充分反映了在这物欲横流的世界里,已经很少能找到愿意静心和尽心为国为民富强而献身的基础学科研究带头人。学术造假、科研造假、疫苗造假……各类造假花样百出，其背后无不与巨大的利益链相关联。信用中国的建设难道就只是纸上谈兵？难道只会抓一些鸡毛蒜皮无关痛痒的事情？不知道何时才会有一种让造假者望而生畏的法律出现，也不知道何时这些龌龊的灵魂才会受到应有的处罚。在花费了大量人力财力后，我们无法否认，真正的高端科学技术人才比起那些滥竽充数肆意妄为的伪精英来那是少之又少。造假者不仅浪费了人民的血汗钱，还侵蚀了中华民族赖以生存的精神家园。固本清源是当今中国科技民生发展的当务之急，我们允许"百花齐放"，但绝对不允许毒化侵占良田，否则好花良苗将无以生存，也就可能重蹈被侮辱的历史。

毋庸置疑，绝大多数人都有一颗报国的心，都有一颗正义的心，然而，缺少公平和自律的机制再加上不靠谱的聪明劲，使得一段时间以来各种商场、生活场上一片混乱，外表的繁荣终究掩盖不了背后的腐朽。各类造假在侮辱人们眼球和耳朵的同时，也不断撞击着人们的心灵，人们禁不住仰天长叹：物质文明的发展为什么会腐蚀毒害人们的道德和精神？对于损害和挑战人类生存底线的思想和行为，我们理应坚决禁止。在对关系到民族生存和国家命运的丑恶行径予以严惩的同时，我们更应关注人们思想品德的建设。

当下的中国正处在物质和精神双阵痛的时期。许多人在有了钱后无所适从，成天醉生梦死，无处安放的灵魂随处游荡，时不时会干出一些丑恶的勾当。在拜金热潮中，难免有人想通过自媒体和网络资源成为网红或热点人物来另辟蹊径积累财富。比如在各类视频平台出现的"十几岁结婚生子、娃娃拍照结婚、色情卖弄、奇装异服"等以低俗情趣为卖点的视频歪风；各类直播平台上，把本该属于奋斗的青春年华全部付诸出卖色相和隐私的主播们……在经济发展到一定程度的地方，尽管有着一群甘于吃苦和奉献的企业家在为社会的发展而努力，但也有想通过资本来达到他们为所欲为的目的和快感，喜欢制造社会热点事件的资本控制下的闹剧。尽管带血的财富如波涛汹涌而至，但我始终相信邪不压正，我更相信我们的管理者会迎难而上，在以经济建设为中心的前提下，更多地发展基础科学研究，更好地推进核心技术的研发创新，更积极地提倡真正的国家精神，从而使人民的幸福感与获得感日益增进。

展望世界，信息技术的发展在给世界融通便利和创造经济效益的同时，也给人们思想和意识带来了无法估量的冲击。资本垄断和资本浪潮席卷全球，以资本财富为代表的霸权主义时刻都在妄图侵吞控制和扰乱和平国度及其人民，恐怖主义也在时不时地威胁着人们生命和财产安全，"有钱就是老大"的低级思潮不断驱使人们内心的恶魔走向现实。这一切的变幻都在侵吞人们的幸福，人们每走一步都会提心吊胆，想分清这善变的人间已成了人们最强烈的一种奢望。

我们冒着风雨，我们顶着星辰，我们从苦难走向辉煌。从万里长征到高铁时代，从"两弹一星"到"天宫二号"，从定额票券到市场经济，我们在奋斗中生存，我们在改革中富强。世界本就是那么美好，我们绝不会因为那些不合时宜的插曲而放弃美好，我们也不会屈就于险恶的资本，因为我们有一颗从容美丽的心，我们有一双看透事物本质的慧眼。时代永远是属于真正的劳动者，创造属于劳动人民。

第八章

生活如此多情

　　我们在这个世界里行走，灵魂也伴随着我们漂流。我们会遇见许许多多的事情，学会静静地等待，等待花儿绽放，学会耐心地倾听，让生活更加温柔。当我们累了，就别再逞强，回到家庭的港湾，陪家人一起买菜做饭，一起饮酒喝茶，欣赏小动物们的萌宠，心灵的歌声就会欢快地飞扬。

小四贝克

生物多样性给这个世界带来了无限的精彩。我们喜欢丰富多彩的花草,我们喜欢光影渲染的树林,我们喜爱灵动乖巧的猫咪,我们喜爱忠诚担当的狗仔,我们热爱烟雨江南,我们热爱冰雪北国。

2015年7月,儿子同学家的几只小猫咪要送人,儿子便给我们带回来一只一个月大的小猫咪。小猫咪一身杂毛,黄黑相间,偶尔夹杂着几小撮白毛,左后脚与其他三只脚有着明显的不同颜色,左后脚为浅黄白色,其他三只脚都为黄黑色。

小猫咪刚到家,起名字成了家庭成员关心的焦点之一。妻子说:"就叫贝克,以后再有小猫咪就叫汉姆。"远在英国的贝克汉姆肯定不知道在遥远中国的一个普通家庭里会有一只猫咪名字叫贝克。我们欣然接受了妻子的提议,从此这只与我们有着不解之缘的猫咪就有了一个闪亮的名字。又过了几日,妻子觉得应该给贝克起个小名,就如同小孩要有个小名,一是叫起来亲昵顺口,二是好养。我们这个小家庭里加上贝克共计有四个生物,妻子就给贝克起了个小名叫"小四"。

"小四"和"王贝克"便成了我们日常家庭生活中喊得最多的词语。小四进家后,吃喝拉撒就成了家里的头等大事,妻子上超市买了专供猫粮和猫砂,以确保小四的日常生活有条不紊。小四刚来家的头一个月,看到我们清洗鱼虾时会在一旁喵喵乱叫,想吃鱼虾,但考虑到生吃鱼虾会有寄生虫,我们没有给小四吃。小四对煮熟了的鱼虾似乎从来都不感兴趣,过了一段时日,小四对生的鱼虾也开始不感兴趣了。它唯一感兴趣的食物就是我们买回来的猫粮,虽然有时它也会吃一点茶叶蛋的蛋白。

随着小四的渐渐长大,儿子突然有一天说小四的胸口处长了一个大大的白色心形。妻子好奇地抱起小四仔细端详,说这是小四为了感谢我们的养育之恩而长出来的,小四是只懂得感恩的猫咪。从此,在我们眼里,小四就是一个吉祥物,它胸口的爱心也时常提醒着我们,要做一个真诚担当而有爱心的人。日久生情,和小四相处久了,我们一家人都把小四当成了自己的亲人,儿子时不时给小四买些登高架、逗猫棒、玩具与线球等东西回来,看到小四爬上爬下、跑前跑后、蹦来蹦去的模样,一家人常常开怀大笑,小四自然就成了全家的开心果。

"岁月静好,静待花开",动物的成长和小孩的成长似乎有着相近的历程,真心付出总会看到良好的结果。小四聪颖无比,很快学会了各种技能,时常给我们带来小惊喜。有一次,我们无意间把小四关在了厨房间,小四对着门把手扑通扑通地跳了几下,居然把厨房门给打开了;儿子总是喜欢把房门关上独自待在房间里,小四最喜欢到处巡视,每个房间都要经常巡视一番。有一次,儿子又把房门关上了,小四想进儿子的房间,就像往常一样跳起来够门把手,整个身体悬挂在门把手上,门锁被拉动,借助身体的重力和摆动,门就这样被小四给打开了,小四兴奋地哧溜一下钻进了儿子的房间。小四常常喜欢钻到衣柜里玩耍,只要我们打开柜子拿衣服,它就会偷偷钻进衣柜里。小四小的时候常常被关到柜子里,由于力气小,它不能靠自己的力量把衣柜门推开，只好拼命地叫唤，直至我们发觉后帮忙打开柜子门。后来它长大了，再被关到衣柜里后，它玩够了就自己把柜子门推开，再也无须我们帮忙了。小四还有一项特殊的本领，就是抓小虫子和蟑螂。自从小四来了以后，家里的蚊子、蟑螂基本都没有了，即使偶然出现一些蟑螂和小虫子，通常都会被小四抓获。

爱运动和爱游戏是小四与生俱来的。与小四一起运动和游戏，让我的闲暇时光充满了动感和乐趣。小四对动的物体和光亮特别敏感，冬日的空闲时光，我常坐在阳台的沙发上，一边晒着温暖的太阳一边翻看着手机里的信息。阳光打在手机屏幕上，光亮被反射到天花板上，随着手机的抖动，光圈也跟着移动。一次，小四拼命对着天花板上的光圈叫唤，我便有意将手机移动，让反射光投影到地板和墙壁上，小四像是发现了新大陆，一直追随着光圈，我又将手机上下左右移动，光圈在墙壁上也随之移动起来，小四充分发挥它的能动性，不断跳起来拍打着墙壁上的光圈，一个左扑接着一个右扑，光圈越高，它也跳得越高。后来，每到冬天我坐在阳台上看手机时，小四就会跑过来缠着我往墙壁上投射光圈。小四总是不厌其烦地表演各式扑跳，它的精彩表演让我们全家其乐融融。晚上八九点钟，是我与小四互动较为频繁的时段，每当我从这个房间走到那个房间，或是从客厅的这头走到那头时，小四总是陪我一起运动。有时它会跟随我散步的规律提前跑入我即将前往的房间，躲在墙角，等我走进房间的时候，它猛然跳起，以示对我到来的迎接；有时我在客厅走到一半，它突然从我身后的门口启步，一路奔跑，跳上茶几，越过沙发，再跳到阳台的地板上，扬起它的笑脸，等候我的到来；或是钻入阳台窗帘下，当我用脚去轻轻触碰它时，它就会猛地蹿出，扑挠着我的脚踝，我往后一步步地避让，它便一下下地扑上来，直至我说"小四厉害，我认输了"，它方肯停下来，转身慢悠悠地走开。

陪伴是最长情的告白，陪伴是最温馨的演奏。每当我静静地看书或默默地书写时，小四就无声地躺在我的身旁或是坐在我的胸前。当我看书或写字一段时间后，或许是不希望我太累，抑或是提醒我该起来活动一下了，小四便使劲蹭着我的书本或手，或是用舌头舔着那仍散发着墨香的笔记本，直至我合上书本起身活动，它便欢快地跑到客厅。当我走入客厅时，它便突然倒地，举起四肢尽情地欢迎我的到来。双休日，我铺开健身垫跑步，小四便会从其他地方跑过来，倒头趴在垫子的一角静候我跑步结束，当我进行腹肌训练时，它有时会跳上我的腹部，随着我的节奏起起落落。

忙碌了一天，回到家时，要是有一个人（或猫咪等）总是在热情地迎接你的归来，你全身的疲惫一定会顿时烟消云散。自从小四来到我们家后，无论回来得早或晚，小四总会用它特有的翻滚和磨蹭来欢迎我回家。记得有一次，我在外忙碌到很晚才回家，小四听到我开门的声音，迅速从房间里跑出来，以它标志性的动作欢迎我的归来。我有感而发，为小四写下了发自内心的文字："夜已深，妻儿早已进入梦乡，唯有小四，不论何时总在迎接我的归来。生活平淡如水，生命精彩纷呈。感谢今生有你的日子，感谢生命如此多娇！"

寒来暑往，小四与我的互动也在不断推陈出新。冬日里，小四最喜欢爬上我的肩膀，依次在每个房间里游走。它站在我的肩膀上不停地向各个柜顶张望，当我站立在某个柜子旁时，它便从我的肩膀上一跃而起，腾身飞落柜顶之上。当它玩耍够了，便用前脚扶着柜门立面，右脚跟随而行，在柜立面爬行两三步后，便飞身跳跃到地板或床上，独自练就了一种"飞檐走壁"的功夫。夏日里，我没有穿厚衣服，小四便不再爬上我的肩膀。它时常躲在门旁的墙边，当我的手顺着门框上下移动时，它瞅准机会平地跳起，用前脚触碰我的手，每当碰到我的手后，它便带着一份满意和开心，愉快地跑开。小四的跳跃能力很强，最高可以跳到一米四左右，几乎是它身体长度的四倍。

小四总在想方设法卖萌。它的睡姿花样百出，有时四脚朝天，有时趴着俯卧，有时将脖子反转，有时将脖子挂在椅子边，有时枕着一条前腿侧身而卧，有时枕着椅背斜躺，有时又将头深深埋入两条前腿间。看着它如此多样的睡姿，我们只好自叹不如。

我们时常与小四用语言交流，尽管它不会讲人类的语言，但它会用自己的特有语言和方式与我们互动。饿了、渴了，它就会跑到我们身旁，用温柔的声音唤醒你，如果你久久不起，它便会用头蹭你或开始大声呼唤，直到你起来给它放上粮食和水，它高兴地对你"啊啊"两声后便埋头吃喝起来。小四每次看到我们喝矿泉水时，总是口里带着叫声狂奔而来，围着喵喵地叫，也要喝瓶子里的水。于是我便在一个矿泉水瓶盖上扎了一个针眼，它幸福地仰起头喝着针眼里不断流淌出来的矿泉水，人和猫咪构成了一幅迷人的画面。

每个生命都值得我们尊重,每个故事都值得我们分享。生活尽管有种种坎坷,但我始终相信生活给予我们的是美好,苦乐年华那是生活给予我的磨炼,无论遇到什么,都要有小四那种快乐独立的精神。每个人的生命旅途,总有看不见的精彩,即使在大雪纷飞的寒冬,依然有让你温暖如春的故事。

自由度与约束的搭配

平面坐标系中,一个刚片有三个自由度,两个刚片有六个自由度,三个刚片则有九个自由度,刚片之间总是被其他部件约束,形成构架方可发挥其所要起到的作用。一个杆件可以减少一个自由度,产生一个约束,一个活动铰可以减少两个自由度,产生两个约束,而一个固定铰(或固定端)则可以减少三个自由度,产生三个约束。采用何种方式连接刚片(构件),不同的应用目的会导致连接方式不同,约束和自由度之间的组合也会因此变化多端,相辅相成。

人们总是由于各种原因而不断迁徙,人类也总是为了繁衍生息而结婚生子组成新的家庭。受原生家庭教育方式、教育程度及生活方式等影响,新生家庭的夫妇也会有着不同的思想和处事方式,即使是家庭的新生成员孩子长大后,也会受到社会因素的影响而形成自己的思想和处事方式。一个三口之家的每个成员都如同一个独立存在的刚片,但这三个人又必须以某种方式联系在一起,形成一个相对稳定的构架——家。不同于刚片按照应用目的而被人们设置某种约束的是，家庭成员之间的约束是一种意识上的交集，是一种以思想上的某些认同为基础的生活方式。家是家庭成员由于某种情感或血缘关系而形成的构架体系。

一个体系的自由度等于各部件的自由度总和减去全部约束数，其数学表达式为 $w = 3m - 2n - r$，式中，w 为体系自由度，m 为刚片数，n 为单铰数，r 为支座连杆数。固定铰支座相当于两个连杆，固定端支座或刚性连接相当于三个连杆。一个三口之家，每个成员相当于一个刚片，则这个家庭的刚片数为三，那么这个家庭的自由度大小就完全取决于这个家庭的连接方式和连接件数量，$2n+r$ 越大，则这个家庭的自由度就越小，反之，这个家庭的自由度就越大。家庭的稳定性和物体的运动相类似，如果物体的运动速度过快，它就越有可能脱离其赖以运动的核心，最终会脱离这个核心或者产生坠毁，因而将家庭的自由度维持在一个合理的数值范围是保持这个家庭稳定的关键。一个家庭的约束过少，其每个成员就如同脱缰的野马，最终会由于某个成员犯下致命的错误而使这个家庭构件体系分崩离析。同样，一个家庭的约束过度会导致这个家庭的成员彼此不堪重压而产生厌倦疲劳，从而进一步导致家庭构件体系产生破坏。

当今社会许多离婚现象都可以用体系自由度的大小来予以分析。许多夫妻要么互不关心，要么关心过度，从而导致家庭体系自由度严重过大或过小。同样，在教育孩子方面，也存在放纵溺爱和过度管教约束的现象，就会导致家庭体系自由度不在合理的区间。这种不在合理区间的自由度很可能就会导致夫妻离婚或者孩子人格不全，造成社会不稳定和家庭成员思想负担。像我这样的家庭，就是一个较为典型的三刚片约束体系，只不过我们这个家庭构架体系的约束会随着时间和经济条件的变化而发生变化。刚到上海的时候，孩子很小，我和妻子都很年轻，为了改变贫穷的面貌，我独自外出工作，妻子一个人很辛苦地照应着这个家庭，既要培养小孩又要伺候一家人的吃喝，谁都不会有闲暇的时间去放飞一下心情；及至小孩慢慢长大，孩子渐渐有了自己的个性，凡事不能过度，对待孩子的学习和打游戏只能选择中性处理，游戏要让孩子适当地玩一玩，学习成绩又不能一落千丈，对待孩子的约束便只好采用活动铰的约束方式，孩子掌控自己三分之一的自由度；再后来，孩子上大学、大学毕业参加工作，孩子的自由度占到了三分之二，对孩子的约束方式也变成了连杆式，此时我和妻子之间的连接也变成了连杆式，各自的自由度相对更大了一些。我依然忙碌着我的工作，妻子则可以抽出一部分时间去旅游和健身，这个时候夫妻俩大多是心态更加平和，保持身体健康和精神愉快已成了我们夫妻间的主旋律。至于孩子，他自己会渐渐适应社会，渐渐懂得了给父母独立自由的空间。即使我们夫妻都外出，孩子不仅可以把自己照顾好，还会把小四照顾周详。

一个稳定的家庭，不论彼此之间采用何种连接，都绝对不能给这个体系造成过大的压力，因为一旦某个连接点产生了过大的压力，就会造成其他某些连接点产生过大的拉力，终究会造成彼此连接的某个约束产生崩裂，进而导致家庭体系的损毁。较为常见的是妻子喜欢与别人家攀比，在家里数落丈夫的能力差。一个有志气的丈夫多少会因此而发奋图强，事业逐渐有了起色，应酬也会增多，常常半夜才回家。妻子又开始抱怨丈夫不照顾家,丈夫忍受不了妻子的唠叨而常与妻子恶言相向,久而久之,夫妻之间就产生了厌倦和憎恶。丈夫开始觉得家庭已无温暖可言,便成天沉迷于灯红酒绿的世界,一个好端端的家庭就这样由于约束过紧而被拆散。

一个良好的家庭构架,不仅取决于约束的方式,更关键的是刚片自身的性能。一个具有卓越性能的刚片,其抗压、抗拉、抗剪、抗弯、抗扭强度都较高。由于家庭成员之间的约束是靠思想和亲情来实现的,这种约束本身不承受任何力量,但其约束能力却是时刻存在,其产生的约束力最终会由刚片来承担。家庭成员每个人的承担能力并不相同,因而要想使这个构架体系始终良好地运行,必将会有人承担较大的力量,有人承担较小的力量。此时,具有优越性能的成员就显得尤为重要,整个体系会在他的支撑下保持优良的性能。说到这里,我就不得不夸一下自己。不管家里发生什么矛盾,总是我第一个让步,因为我十分清楚要想保证家庭构架体系的优异性,必须有一个人来承担那来自约束或外部的无形冲击波。我是一块精钢打造的刚片,几十年的摔打把我磨炼得更加坚韧,我愿与家人一起共同成长,我会在约束下维持必要的自由度,以便维护体系的均衡稳定。

我们都是社会成员之一,我们的工作是有着密切联系的分工,领导或人民赋予你的权力多少就是你所获得的自由度多少,你的职责就是对你的约束。工作团队就是约束和自由度联系在一起的成员所构成的工作体系,这个体系中的每一个成员都发挥着各自的作用。如果这个体系中的连杆有太多的零杆,则这个体系将是不稳定的,因为一些人会感觉到自己没有起作用而脱离这个架构体系,另外一些人也可能会由于约束过多而产生太大的压力,从而产生损坏或疲劳。因而,在工作中起核心作用的刚片必须将压力层层传递和分解,让体系中的每个成员都承担起责任和行使起权利,这样这个团队才会形成一个稳定的桁架,共同撑起事业的天空。要使工作团队保持良好的运行和稳定,既要避免产生多余的约束,又要避免零杆的产生,这样首先要保证每个成员的性能,传授和学习是使得彼此性能得以提高的重要途径,分工合作则是成员共同保持体系整体稳定的方式方法。我是工作团队中的一员,我既不会因承受约束力过大而受损,也不会因不受约束力作用而坠落。

非洲大草原上的动物大迁徙让人惊叹,蜿蜒奔流的长江让人动容,不知疲倦的工厂机器人让人惊奇,高耸入云的摩天大楼让人仰望……在我们生活的大千世界里,无论是自然美还是创造美,都是约束和自由度的巧妙组合。我们人类本身更是这种组合的精彩体现,约束让人静谧安详,自由度让人动感飞扬。我爱约束,我爱自由度,我更爱有约束的自由度。

倾听是一种美

田野总在安心倾听稻子抽穗的声音,山林总在专心倾听树林生长的声音,大海总在静心倾听鲸喷水的声音,花朵总爱倾听蜜蜂采蜜的声音，牧场总爱倾听秋虫呢喃的声音。你最爱倾听谁的声音？每个声音的背后都会伴有一段尘封的故事，在别人的故事里也许你并不能找到自己的人生，但也许会触动一下你的心灵。学会倾听，生活会更加爱意浓浓。

上小学和初中的时候，我总爱听收音机里播放的评书。评书大师们抑扬顿挫的声音让书籍里的人物栩栩如生，英雄们的威武气概时常让我热血沸腾。受此影响，我便立志要去当兵或去做公安，以保卫国家安全或维持社会正义。然而，现实总是与理想相背而行，在错过大学录取和大学毕业分配两次机会后，我的人生便与公安或部队无缘了，但伟大的地质事业与我结下了不解之缘。

妻子和我谈恋爱的时候，很爱听我唠叨，我常把我小时候的故事讲给她听，这故事里有命运的坎坷和坚强的拼搏，有童年的欢乐和少年的忧愁，有荒诞的行为和美好的善举，这些串起了一个不一样的我。也许在别人的心里，会同情我所经历的苦难，但在妻子的心里，更多的是感动于一个生命艰难的拼搏和一个诚挚的心灵。后来，妻子也把她流浪的童年和聪颖的少年经历娓娓道出，在为她惋惜的同时，我又很庆幸与她相遇。也许一切都是最好的安排，两颗年轻的心在相遇的那一刻开始就注定了彼此印证，也注定了会成为彼此一辈子的倾听者。

我很喜欢唱歌，但天生是一个"心灵歌唱家"，心灵里的旋律婉转悠扬，从嘴里唱出来却都是五音不全的曲调。在家闲暇的时候我给妻子唱歌，也为自己唱歌，在开车的旅途上给妻子唱歌，唱到激情处会一首接一首地嘶嚎，但不论我唱得多差，妻子总是专心倾听，有时还开心地为我拍上一段视频。我们独有的浪漫把生活点缀得色彩斑斓，开心快乐的笑声常常回荡在遥远的天空。喝酒后，我常有一种写诗的冲动，写工作、写生活、写爱情、写朋友、写家人，能写的几乎都可以进入我的诗篇。我用诗来怀念过去，也用诗来歌唱未来，我常常把写好的诗词读给妻子和儿子听，也许是他们不想打击我脆弱的心灵，让他们评价时总是说我写得好，我也常陶醉在自己的创作中。

妻子爱旅游也爱写微博，妻子的博文常常受到她的驴友和博友的追捧，妻子就经常把她写的博文念给我听——精练的语言加上精彩的情节着实可以迷倒一群人，这个时候的妻子越发显得气质优雅、精神十足。我有时也帮妻子推敲一些词句，然而妻子总说我画风不同，尽管有时她也会将我倡议的格格不入的画风放进她那每日"必博"的世界。看场电影、做个头发、健健身、散散步、读本书、买个菜或来场旅行都能写进妻子的微博，风趣幽默渐渐成了她微博的亮点，但绝对是正能量爆棚。

倾听并不是一种简单的听，而是一种站在对方角度去思考和诵读的听。由于人的情绪常常受到身体情况、工作时长、思想耐受能力等的影响，在疲乏的时候也许不能去倾听对方的诉说，甚至有可能会打断对方的倾诉，彼此之间常会因此而争执或吵架，结果彼此都不开心。随着时间的推移，彼此之间的了解越来越深，无论是倾诉还是倾听就不再那么困难，受外来因素的影响也会越来越弱。二十五年的婚姻生活，我和妻子都渐渐把金钱荣誉得失放在了一边，"不以物喜，不以己悲"，或许会成为我们今后生活的常态。

倾听不仅仅是在亲人之间产生一种相融的情感，倾听也会在朋友之间、同事之间产生一种和谐和共鸣。我常和朋友一起喝茶聊天，也常和同事一起喝酒聚会，每一次聚会聊天都让我增进了对他们的了解和理解，不同的人生阅历诠释了不同的奋斗故事，造就了不同的思想境界，绝对不是"宁愿我负天下人，不愿天下人负我"或"宁愿天下人负我，不愿我负天下人"那么简单，只有看清了他人思想的灵魂，才会真正地听懂他人的人生。

人和动物的区别不完全是初中书本里告诉我们的"人会使用工具而动物不会"，人和动物的真正区别在于人会追求"卓越"的思想而动物没有。人们之所以追求财富，是因为财富可以使人过上舒适的生活，有了财富就可以做自己想做的事情。有高尚情操的人，他会将过剩的财富用来发展科学技术和文化艺术，或用来帮助那些由于某种特殊原因连温饱都无法解决的人们。人们之所以追求科学和艺术，是因为科学和艺术可以帮助人们改变这个世界或提高人们的修养，人们在追求科学和艺术的征途中不断实现自我价值。对于普通老百姓来说，常常会在一份平常的工作中追寻价值和财富，在改变自身生活条件的同时也会为社会繁荣做出一份贡献；对于科学家和艺术家来说，他们更多的是为整个社会的发展做出无法估量的贡献或给后人留下珍贵的作品。不论以何种方式立足于这个社会，人们在实现自我价值的同时，也总是希望得到他人的认可，完全脱离他人、自我认可的人是绝对不存在的。因此，倾听就显得十分重要，倾听也是一种对他人价值的认同。

从凡夫俗子到伟人精英，都想把自己的想法传递给他人，成功和失败都不影响人们诉说自己的故事。从课堂上老师的讲课到企业家的公开演讲、政治家的竞选演说、科学家的发现论坛，甚至是一次普通的工作交流或聚会交流，无不存在倾听者和倾诉者，至于倾听者能够在一次交流中收获什么并不那么重要，重要的是有没有思考过倾诉者的观点和立场，因为观点就是倾诉者的思想，立场就是倾诉者的动机。在我们日常工作和生活中，会存在两类较为特殊的人，一类是禁锢了自己思想的人，似乎从不和别人交流，很难见到他发表自己的观点，还有一类人就是不论什么场合都会高谈阔论。这两类人有一个共同点就是缺少倾听者，这都是不可取的。日常交往中人们充当最多的角色就是既当倾听者又当倾诉者，因为倾诉和倾听是一种沟通。当我们在倾听一个人的奋斗经历时，这不仅仅是一个经历的故事，在这个故事里更多体现的是这个人的思想品格、道德水准、技术水平、人生观念以及与他打交道的都是些什么样的人。当你意识到这一点的时候，你也许才会真正从这个故事里学到一些精髓，对你未来的发展和生活增添一种食粮。

倾听是一种很好的工作和生活方式。工作中你会通过倾听来发现同事的优点和缺点，你在调用这些人时，可能就会用其所长、避其所短，你的工作就会得心应手，也往往会事半功倍；生活中你会通过倾听发现家人、朋友或同事的难处，从而你会有意无意地去帮助这些有困难的人，这些困难会在你的帮助下化为无形。看到这些曾经被困难折磨的人重新露出灿烂的笑容，你能不为之振奋吗？

夜深人静的时候，曾经独自一人仰望浩瀚的星空，倾听江涛阵阵，太阳升起的早晨，曾经有一群人俯视斑驳的丛林，倾听机器轰鸣。倾听让我内心平静，倾听让我举止从容，倾听让我学会尊重，倾听让我学会理解，倾听让我工作顺心，倾听让我生活恬淡。感谢倾听，它让我与美丽世界相融，倾听动物世界，物竞天择让我理解了动物的本能，倾听自然密码，小小的身体大大的能量让我为之赞叹。感谢倾听，倾听是一种美。

尘埃落定

看到"尘埃落定"这个标题，你也许会想到阿来的长篇小说《尘埃落定》。这部小说中的傻瓜二儿子常常有着超时代的预感和举止。一场土司家族内部继承权的纷争引起了血雨腥风，但这一切最终都在解放军进剿国民党残部的炮声中化为乌有，一个旧世界终于落在了尘埃。我们每个为人父母者都会经历教育孩子的难题，孩子十几年的成长教育与困扰一旦真的结束，你也许再也无法体会那一段历程，但记忆深处一定有些东西让你无法忘怀。

一个生命从出生到长大成人，每一个父母所经历的酸甜苦辣绝然不同。有的孩子从出生到成人总是不断遭受病魔入侵，有的孩子却从小到大百病不侵；有的孩子学习总是名列前茅，无须家长过问，有的孩子天性好玩，学习上总是无所适从；有的孩子思维活跃，有的孩子沉默无声。孩子是父母的希望，最能牵动父母的心。在当今社会，"望子成龙，光耀门庭"的思想仍普遍存在，不切实际的幻想仍旧在敲击着无数个家庭,"希望越大,失望越大"的告诫从来不会起到警示作用,然而真正成为人中龙凤者又有几人。

我虽是个粗人,但在孩子出生前,我和妻子一起阅读了大量的优生育儿知识。也许是老天爷垂怜,我家孩子从出生开始就让人十分省心,从不无故哭闹,每天夜里起来给他喂一次奶,把一次屎尿,他便可接着睡到天亮。我们十分清楚,孩子哭闹不是饿了拉了就是病了,因此,我们从孩子出生开始就定时定量给孩子喂奶和清洗尿布,并让孩子穿着适度,盖的被子或毯子厚薄有度,确保孩子保持清洁和温暖,也确保他不会吃得过多或过少。在我们的悉心照料下,孩子茁壮成长,七个月就可以吃两个鸡蛋,九个月就开始走路,十个月就开始讲些简单的词语,妻子也因此感到幸福与自豪。

孩子一岁左右,看到大人们拿着碗筷吃饭,他便饶有兴致地像大人一样想自己拿着碗来吃饭。我们及时地给了他碗和勺子,给他盛上饭菜,他便独自坐在小板凳上像模像样地吃起饭来,虽然刚开始会弄得到处都是饭菜,但几天之后便真正学会了吃饭,饭菜很少撒到桌子上和地上了。孩子产生兴趣就是培养他这项能力的最好时机,看到他学会了吃饭,我和妻子都为他的本领赞赏。当看到比他大一些的孩子还要家里长辈到处追着喂饭时,我们尤其感到欣慰。吃喝拉撒是人生的第一堂课,孩子学会了自己吃喝后没多久,又学会了自己拉撒。看着这么小的孩子独立坐在痰盂上拉屎撒尿,你也许会觉得新奇,但这是幼小的生命必须学会的生活技能,越早学会越早受益。

1997年春节后,不到两岁的儿子就被送到我们在上海租住小区旁的托儿所。在托儿所里,他跟着老师学唱歌、做游戏,但吃饭和拉撒从不叫老师操心,相对其他小朋友而言,他的自理能力十分强大,老师也感到特别省心,常常在孩子妈妈面前夸奖孩子。时光如梭,转眼间儿子就从托儿所升至幼儿园,幼儿园的生活一切顺利正常,顺其自然,儿子上了幼儿园关联的小学。上小学二年级时,由于我们新买了住房,儿子便转学到了新房附近的小学。说起儿子转学,全是妻子的功劳,我没有操心和出力,一家人就这样伴随着孩子的笑声平静而又快乐地生活着。但随着孩子的渐渐长大,这样的平静生活终于有一天被小学老师的一个电话给打破。小学四年级的儿子越来越淘气,在课间休息时将皮球扔到天花板上,打碎了日光灯灯管。妻子只好去学校给老师赔笑脸,老师说赔偿一个灯管就算了,胆大的儿子居然在一旁对老师说:"我们家没有钱,我们家的房子车子都是贷款买的。"老师哑然失笑。但不管怎么说损坏东西就得赔偿,做人要有担当,妻子把这个思想灌输给了儿子,儿子向老师作了道歉。次日,妻子买了同款灯管到学校装好,教室里又明亮了起来。自从这件事后,儿子做事便有了一定的分寸,直至小学毕业再也没有给家里捅娄子。

从孩子上幼儿园到小学毕业,是孩子从这个世界接收信息的优良时期,但这个时期的孩子还未形成自己的三观,带孩子出去游玩是一种寓教于乐的较好方式。虽然那个时代还没有现在这么发达,人的思想观念还没有现在这样开放,但带孩子出去游玩和看看外面的世界也是做父母应尽的责任。说到这一点,我就十分惭愧,除了在上海本地的游玩我会陪伴外,几乎所有上海之外的游玩都是妻子和儿子一起去的。每逢此时，我便成了一个孤独的留守者，每次看到妻子和儿子一起游玩的合影，心里总是有一份自责和愧疚，因为帮他们拍合影的人并不是我；但更多的还是喜悦，一种发自内心的真情流露。

岁月就在"你为社会发光，我在为你守家"的节奏中生长。孩子从小学升至初中，一个必定到来的步骤，"别人家的孩子总是那么优秀"似乎成了一个时代的印证，而我则是那种心比天高的大男子主义者，儿子考什么样的学校一切靠他自己，对于孩子上学我似乎从来都不操心，好在儿子凭自己的能耐考上了自己想要去的初中。初中是孩子青春期开始的一段时期，他们总是有着千奇百怪的想法。初一学年快结束的时候，老师打电话把我妻子叫到学校，投诉说小孩子在学校里贩卖游戏碟片。妻子让儿子赶紧给老师道歉，承认错误并保证以后不会再犯。儿子在承认错误这一点上比谁都快，态度诚恳地向老师承认了错误。孩子处于青春期，再加上现代社会的诱惑，让家长随时都得提着一颗心，打架、上黑网吧、逃学等让很多家长谈虎色变。为避免儿子上黑网吧，我们在家里装上了宽带，不管能不能真正控制住孩子的上网时间，但至少可以将孩子置于眼皮底下监督。"人善被人欺，马善被人骑"，或许这些古训并不适合拿来教育孩子，但有些熊孩子总是欺凌弱小，这样的熊孩子一旦开始欺负你，你还真得及时给予还击，否则你将会被长期欺凌，也会因你对此类事情处理不当而助长"熊孩子"的嚣张气焰。初二的时候，有个小霸王到处欺负弱小的孩子，有一天也欺负到了我儿子的头上，结果遭到我儿子的猛烈还击。这事自然少不了让老师把家长请到学校去，儿子又道歉又写保证书。但自此以后，那个小霸王居然不再欺凌弱小，甚至还成了儿子的好朋友，倒是出乎意料。

令人担心的三年总算波澜不惊地飘过，接着便是关系到人生前程的三年——过了这三年，孩子便长大成人，过了这三年，孩子将开始郑重选择自己未来的征程。这三年有着青春的冲动，也有着奋斗的艰辛，每个家长都希望自己的孩子在这三年里一切安好，如愿考上心仪的高等学府。然而，"别人家的孩子"终究是别人家的孩子，高一迷上了网游，高二谈上了恋爱，高三昏昏然……遇到了这样的孩子，恐怕做家长的都得摇头兴叹，我就是遇上这种孩子的家长之一。打骂肯定解决不了问题，说教也成了耳边风，连哄带骗也骗不了，无招可施的我只好让妻子和学校老师时刻保持通话。1576800分钟在历史长河中也就是瞬间，但在人生特殊时段的每一分钟，都注定镌刻着一份峥嵘。对于我们家长来说，这每一分钟都承载着我们的心路历程，从期望到担心，从担心到失望，从失望到坚强，从坚强到希望，这是一条跌宕的曲线，这也是一条浸透心血的引绳。高考的钟声宣告了孩子三年高中生活的结束，也宣告了我们无所适从的灵魂终于可以再度安生。

大学录取通知书的送达，让一家人得以获得三年来的放松。大学新生报到的日子，一家人收拾停当，开车前往儿子将要在此度过四年的大学。一切都那么熟悉，一切又那么陌生，我仿佛又回到了二十多年前，回到了那如火的青春。四年的大学生涯将带给儿子的是什么？我们一定要去追寻吗？或许是思想的光芒，或许是生活的自律，但留给家长的并不是那份轻松，无论孩子走到哪里，他身上所发生的一切我们都无法不去关心，血浓于水，意味深沉。如今，大学毕业的孩子从社会上学习的东西无穷无尽，而孩子的思想将决定他会过怎样的人生，做家长的将永远成为衬托红花绿叶下面的那份泥土。

"世事如棋日日新"，时代前进的步伐铿锵有力，历史的洪流呼啸奔腾，"大浪淘沙始见金"。

避风港

"军港的夜啊静悄悄，海浪把战舰轻轻地摇，年轻的水兵头枕着波涛，睡梦中露出甜蜜的微笑……"当这首熟悉的歌曲旋律响起时，你一定会情不自禁地跟随节拍而唱。是的，远航的军舰需要一个宁静的港湾让水兵休整，在外打拼的人们也同样需要一个避风港共享天伦。

当你打开家门的那一刻，一双摆放规整的拖鞋肯定会让你感到无比温暖，一抬眼，映入眼帘的是洁净明亮的地板，你一身的疲惫恐怕一下子就消失得无影无踪。往前走上两步，锃亮的餐桌上早已摆上了一杯热茶、几个小菜、一碗米饭和筷子，这种温馨会浸透你整个内心。这一切，你真得感谢为这个家操持的人，就算你从来没有亲口对她郑重说过"谢谢你"这三个字，但在你的心里会真正藏着"爱你无声"这既不浪漫又不柔情的字眼，爱一个人，也许伴其一生才是最好的解读。

夜色下的霓虹灯闪烁迷人,大街上的行人行色匆匆或步履从容,酒店里的餐桌上杯盏情浓,咖啡屋里的男女爱意融融,尽管外边的景色美好诱人,但怎么也没有住宅楼窗户里的灯光温存,时钟的脚步总是在拽着你摇晃的身影,淡然地把你带进那永远为你点亮一盏灯的家门。一杯温度适中浓淡正好的蜂蜜水静静地送到你的手里,你喝下的难道仅是一杯蜂蜜水?一定不是,那是一份温暖心灵的甜蜜。生活的甜蜜并不在于你送给家人多少贵重的珍宝,而是那一个又一个关爱的行动。

每个人的背后都有着一群人与他一起前行,尽管平时各自忙碌,但最想念的还是那个家。或许是你先回到家,或许是她先回到家,但这丝毫不影响这个避风港的繁荣,因为这是你们亲手建设的家,这里留着你们无数的欢乐,这里孕育着你们未来的希望。对于孩子的教育,也许你们的观念和管教方式不同,但都是期盼他茁壮成长。把心里生出来的怒火化作一家人的笑容真的没有那么简单,那需要智者的情商,更需要彼此都能接受的方式。理解真的很伟大。谁接送孩子?谁买菜做饭?这是这个避风港里谁都无法回避的问题,但只要有一颗爱的责任心,你家、我家、他家都会有办法解决,不要羡慕别人家的办法好,只有适合你的才是最好。

家庭经济开支几乎天天都会发生,谁当"经济大臣"在不同的时代抑或不同的国家都是不同的,时代的变化与思想的变化总是相伴而行。物资不丰富的时代,家庭开支问题似乎并不会分得特别清楚,20世纪60年代及之前出生的人们,夫妻双方的劳动收入总是放到妻子或丈夫某一人手里。到了 70 年代后期及 80 年代，AA 制之风刮到了家庭内部，这种掌握或支配经济大权的形式发生转变，很大程度上与人们物质之上恶意争夺财产的歪风和真实案例相关，AA 制实际上是夫妻之间缺乏充分的信任和对法律的一知半解的体现。在家庭财产掌握上我从来都是一个充分授权者，因为这不仅是因为法律规定婚后财产属夫妻共同所有，更重要的是夫妻之间的良好信任。我和妻子结婚时一无所有，几乎不存在婚前财产，我们所积累的财物都是我和妻子共同打拼下来的，交给妻子管理以来省却许多麻烦事，二来妻子可以帮家庭做好发展规划和财务管理。至于家庭内部实行 AA 制，从我个人角度来看总是觉得有点怪怪的，因为真心愿意与你共度一生时光的人肯定会以自己的家庭为重，把家里人看得比谁都重，我们不要因为社会上有不良居心的少数人所引发的案例而设想到自己的亲人身上。

　　一个好的让人放心的家庭经济大臣，是绝对不会自己随意将家庭的收入拿出去做什么金融投资或其他任何大笔投资的。日常小的生活开支是家庭授予经济大臣的权力，但大笔投资经济大臣就没有单独决定的权力了，只有通过夫妻双方的共同决定才可行使重大投资的权力。现实社会中许多家庭里的夫妻各自为政，妻子瞒着丈夫或丈夫瞒着妻子把钱投入到那些毫无保障的所谓金融平台，最终导致血本无归，这是无原则的使用家庭收入的典型表现。这种情况在一些 AA 制的家庭中常有发生，一旦投资失败，夫妻双方免不了因为这件事发生争吵，甚至发生"战争"。经济基础是家庭赖以生存和发展的命脉，如何分配和行使家庭的经济权力，会由人的素质和社会环境所决定，我也只能发表些个人论调，也希望每个家庭经济基础稳定，生活幸福安康！

　　国人的许多情感都藏在传统的节日里，春节、端午节、中秋节，这些节日都代表着我国的传统文化。团圆的日子也是你归还平日里对家庭成员亏欠的最佳时机，做上满满一桌子的佳肴，与家人共同举杯，把一切工作和烦恼抛到九霄云外，欢乐的笑声充满每一个房间，这样的气氛会感动所有的人，这样的画面如果拍出来发到网络平台上，定会引来一波强烈的"Call"潮。港外的风雨我们时常承受，港内的温情我们感受得太少，我们应加倍珍惜这份温情，时常为自己为家人创造这样的港内幸福。

　　家庭的每个成员除了给家人充分的照顾外，还都会有自己的业余爱好。现代网络购物模式的快速扩展，常常会让家里快递物品不断，甚至会造成家庭不必要的物品无处堆放。我们不必为此斤斤计较，我的观念就是谁买回来的谁负责处理。但往家里买书是个例外，因为书是大家可以共同阅读的，好的书也是家庭的良师益友和家庭的精神食粮。对于家庭成员不同的爱好习惯，我们可以相互包容。妻子喜欢读书、旅游、听音乐、健身、购物，儿子工作之余喜爱打游戏，而我业余时间爱好写写诗词、看看书或是网上聊聊天。这些不同的爱好习惯在我们这样的家庭一直存在了很多年，彼此理解才会和谐宽容。

　　当你累了的时候，想找个人的肩膀靠一靠，请你回家，家人的肩膀最值得依靠；当你醉了的时候，想找个醒酒的地方，请你回家，家里早已为你准备好了最温暖的醒酒汤；当你感到压力无法宣泄的时候，请你回家，向家人倾诉衷肠是一种最好的解压方法。港外的雨雪风霜，让我们学会了怎样去对待磨难，港内的温情柔肠，让我们笑逐颜开。生活本来就是这样，远洋的船儿为你带来了丰富的物产，一路劈波斩浪，避风港才是他永远的航向。

行走的灵魂

鲁迅先生说过："不在沉默中爆发，就在沉默中灭亡。"而我要说："不在行走中成长，就在行走中沉沦。"我们从一出生就注定了要不停地行走，在这行走的征途中，风景、人物和故事教会了我们该怎样去寻找真正想要的东西。

儿时爸爸妈妈教我们学走路，某种意义上只是教会了我们人生的第一步，紧接着他们把我们培养成人，我们才真正开始了自己的人生旅程。是扎根家乡还是外出打拼，每个人的选择注定有必然也混杂着偶然，时代的选择和个人的选择总是相辅相成，不失时机地把你推向了风口浪尖，最终落下来的时候，你便选择了你行走的方向。人们离开家乡的原因有很多，外出打工、外出求学、外地工作等，短期的终究会回到家乡，长期的则需在外地安家立业。不论是短期还是长期，别以为只是你的一种生活和生存方式，其实跟着你一直行走的还有你的灵魂。

我们之所以永远在路上，其实只有一个目的，就是为了不断完成你所追求的目标。去担两桶水,可以解决一家人两天吃水的问题,同时也为家庭做出一份贡献;挑几十斤米去学校,可以解决你一个月上学的口粮,"人是铁,饭是钢,一顿不吃饿得慌"。没有好的身体还谈什么革命和事业。行走,会改变一个人的命运,从贫穷的地方去往发达的地方,你得到的不仅是财物,还有比财物重要得多的技术和思想。有了这些,无论你是回家乡发展还是留在发达城市深造,你都会终身受益。

我们生活的社会是个大熔炉,这里有科技精英,有金融专家,有技术能手,更多的是普通劳动者。我们之所以崇拜那些社会名流、开国元勋、科技巨匠,是因为我们都有一种积极的向上向善精神。有所敬畏也许会教会我们如何去认清自己的能力,但从群体的现实意义来讲,劳动人民才是推动社会发展的真正英雄。姑且不谈许多创造发明都来自群众,就说任何一项技术的革新和应用,少了劳动人民,再先进的科学技术也无法普及,更别说实现技术的伟大价值。

一个单位的发展需要一群人共同打拼,在这个群体里每个人都有自己的使命,他们会带着自己的使命不断前行。我无权去评判这个集体中的任何一员所走的道路是否正确,但我一直秉持一个观念:单位和个人、家庭一定要有所区别。你在家里可以耍小性子,但在单位,别人没有义务要围着你转,因为单位的目标是发展而不是你,在单位所有人都必须围绕发展这一终极目标开展决策和行动。很多单位都存在一些极不合理的现象,有些人常常把自己个人的设想作为单位的发展目标,也常常把自己个人的决策作为单位的决策,还有些人常常把单位的资源作为个人的资源。这些不合理现象的存在常会引来一些问题，比如容易搞个人崇拜、容易决策失误、容易引发重大事故、造成资源浪费、造成团队成员散心离德等，长此以往，单位将逐渐走向消亡。所以在一个单位，真正厉害的不是某个个体，而是一种公益至上的思想。有了这种思想就会产生一个无坚不摧的团队，就会造就一个蒸蒸日上的企业，也会成就无数个幸福美满的家庭。

自从离开了父母，我们便失去了一种温柔，人生总是在行走中成熟，事业、爱情、家庭也总是在行走中成就。无论你与你的爱人如何相识，有一点是共同的，那就是在行走中相识、相知、相爱。如果没有行走，你就不会感觉到同窗的美好，如果没有行走，你就不会感受到同事的才华，如果没有行走，你就不会爱得如此深厚，如果没有行走，你就不会有乡愁绵柔。如果你不去行走，就不会看到海的辽阔，就不会看到山的雄伟，就不会为一朵雪花的美而动情，就不会为一片掉落的枫叶而泪盈于眶。生活在行走中丰裕，生命在行走中出彩。泥水里共同抬起的重锤，旷野里一起走过的小路，小河畔相互讲过的故事，办公室里集体讨论过的方案，一切的一切都给你留下了美丽的记忆。从一个懵懂的少年成长为一个才华横溢的青年，从一个激情四射的青年历练成一个沉稳老成的中年，你走过的每一段路程，我想都会有一分收获，都会有一些与你并肩前行的人。

善待别人就是善待自己，支持他人就是支持自己。我从心底感谢那些帮助我成长的朋友和亲人，一个人的孤独永远不会有一群人的交集那么值得向往。你在公交车上站立瞌睡的模样也许并不十分可爱，夏日里你满头大汗骑行的风采也许并不十分迷人，夜空下你酣睡的姿态有时连蚊子都不想观看，你满身的泥水却能打动你最亲爱的人，你在改变自己的同时也改变了世界，世界终会因你的拥抱给你无限精彩。不断腾挪的租房变成了你永久的回忆，报告里的图件装载着你驿动的青春，苍茫的岁月化作了你笔下动人的诗篇，现在你早已把这些装进了你的灵魂，"润物细无声"地随你的灵魂在前行。

不断反思，不断总结，这也许是行走赋予我的使命。我无力去追寻"人为什么而活着"这个千古之谜，但我愿意让我的行走更加充实和快乐，我虽无力拯救天下受苦受难的苍生，但我总是在做自己力所能及的事情。也许在众人眼里，我并不完美，也不那么大度，但我要说这些都没有关系，因为我并不是圣人，因为我也食人间烟火。"不去伤害一个人"也许的确很难，但我真的在努力与你沟通，我付出的真心也许并不会得到回报，但我问心无愧，因为我只希望你过得更好。"知恩图报"，更多的时候只能是放在心里。有时我在想，连父母的养育之恩你都无法报答，你真的能够报答那些帮助过你的人吗？其实人家肯帮你就从来没有指望过要你回报。我的真正成长和收获，就是那些帮助过我的人教会了我怎样去爱他人，就是"过好自己的生活，支持他人过好生活，爱自己的同时关爱他人"，这才真正是我行走的灵魂和内心的呼唤。

行走在路上的人们在口渴的时候，遇到有人为你递上一杯清泉，你除了感动还是感动。这一杯水对于给予者来说真的只是一杯水，但对于接受者而言却是一杯"能量团"，有了它，你才会有勇气和精力继续前行。在我们行走的征途上，有些人精神十足，有些人精疲力竭，有些人拼力前行，无论你遇到什么样的困境，彼此送给对方需要的东西或一句鼓励的话语，世界会因你而改变，行走会因你而变得意义非凡。行走的路上你要是没有遇到什么坎坷，那么你是极其幸运的，落井下石或踩着他人前行的人都是令人厌恶的。如果一个人以牺牲他人和侵害集体而获得暂时的成功，我敢断言，他不会走得太远，前面也许就有这样的一个人在等着他，"以其人之道还治其人之身"从来就不缺乏生动事例。我们提倡携手同行。

行走要有一种不能没有的精神——自信。与大自然相比，我们都很渺小，但众生平等，当你一无所有的时候，自信是你通往成功的钥匙；当你有所建树的时候，自信是你支持他人的基石。不论你生在什么样的家庭，学习和思考都必将是你人格魅力形成中不可缺少的途径。自信建立在学习和思考的基础之上，也是建立在目标确定的基础之上。家庭贫困也许会给许多人造成自卑，但你一定不能缺乏奋斗的意志。摆脱贫穷是你奋斗最初的靶向，和美世界才是你追求的终极驿站。我们从不劝人看淡人生，但看淡得失是我对自己的一点要求，因为人生不可重来，得失只是一时一地之事。既然人生无法重来，那就请你坚持自信，去打造属于你独有的亮丽人生。

幽静的羊肠小道上，有你的风景真的很美。繁华的康庄大道上，多姿多彩的人们都在诉说着行走的故事。行走是人生的使命，行走是幸福的源头，灵魂的洗礼无时无刻不在行走中进行。

第九章

古怪的想法

　　这个世界给予了你什么,你又为这个世界贡献了什么?也许在千万个人心中会有千万种答案。梦想与现实总是有那么点不同又有那么点相同,也许你会为你没有得到而酸楚,也许你会为你得到而开心。其实这都很自然,时间会为你证明,抱着欣赏的态度去看待一切,生活一定会唱出美妙的和声。

怎样尝到甜葡萄

"吃不到葡萄说葡萄酸。"这是一句广泛流传于民间的俚语，但仔细琢磨，这句话却包含了深刻的人生哲理。葡萄到底是酸的还是甜的，你没有品尝过无从知道，即使你尝过，你还是不清楚别人吃下的那颗到底有多酸或有多甜，你或许只能知道你自己吃下的那颗葡萄的酸甜。

日常工作中我们经常遇到这样一类人，自己不做事却总是对干活的人指手画脚，真的让他去干时，他又眼高手低，无处着手。每个人都有自己的工作经验和经历，干一行爱一行的背后是一种强大的心理和辛勤的付出，你认为别人很轻松就做到的事到了你的手里却未必能完成，因此先管好自己要吃下的那颗葡萄才是首要任务，如果你想吃酸的你就让它变酸，如果你想吃甜的你就让它变甜，那么你也许会在这份工作里找到你理想的前程。

吃葡萄，你会知道它的酸甜，但种葡萄，你要知道它的酸甜就不是那么容易了。虽然你知道大多数人都喜欢吃甜葡萄，你时常小心翼翼地去呵护，但说不定就有那么一些酸葡萄混杂在甜葡萄当中，导致你曾经的努力付诸东流。因此，我们要特别感谢那些精心种植葡萄的人们，是他们辛勤的劳作和精心的照顾，才有了你面前那甜甜的葡萄。

葡萄的酸甜以及葡萄能否健康生长，决定性因素是土壤的性质和人的管理。一块土地的土壤性质是有其历史成因的，但可以通过人们管理土地来予以改变。一个企业的发展及人才培养的决定性因素也如同葡萄生长一样，在于基础环境和企业现任管理者。企业基础环境的好坏同样会受到历史环境的影响。现任企业管理者如同葡萄种植者一样，有着不可推卸的管理责任，如果一味放任自流，最终会导致葡萄坏死，更别谈什么酸甜了，而且这块持续恶化的土地也会渐渐失去种植用地的价值。

"吃不到葡萄说葡萄酸"的本义是指人们对于那些想拥有某样东西而暂时又无法获得，只能说那个东西不好的人的一种嘲讽。但这种嘲讽里有嘲讽者和被嘲讽者的两种截然不同的心理：嘲讽他人的人时常为自己拥有他人所没有的东西而感到骄傲，是一种典型的自我陶醉又不肯把东西拿出来分享的利己主义者；被嘲讽的人则是通过贬低别人拥有的东西来填补自己无法获得的缺憾。其实这两种心理都不积极。一个优良的团队一般不会出现"吃不到葡萄说葡萄酸"的现象，因为在这个团队里，每个人都在为种植葡萄而忙碌，有的人常去观测土壤的状况，有的人常去观察植株的变化，有的人常去给土壤补充营养，有的人常去给葡萄清除虫害。总之，大家的目标只有一个，就是种植出一批又大又甜的葡萄，最终大家共享成果，在这个团队里，葡萄肯定是甜的。相反，一个不好的团队，总是在为谁去施肥、谁去除虫、谁去耕地、谁去埋藤而吵闹得不可开交，谁的活重了、谁的收入占比高了等锱铢必较的现象司空见惯，团队成员以及团队小组之间的合作困难重重。倘若一块地发生了虫害，另一块地的管理小组是绝对不会去帮忙一起去消除虫害的，结果几块地都受到牵连，不仅葡萄产量大大减少，葡萄质量也大大降低，看到别的团队津津有味地品尝着葡萄，酸葡萄心理便油然而生。

管理一个大型葡萄园的团队有时很大，在这个庞大的管理队伍中常常被分成若干区划团队，各个团队分别管理着一块葡萄园。作为这个大型庄园的最高管理者，如何让每块园地都生产出优良的葡萄，那是需要极高智慧，也需要付出极大心力的，制定一套高效的协作分工机制是保证每个团队都种出优良葡萄和收成丰硕的管理保障。若一个园区出现了病虫害，其他几个园区的管理团队都能主动去协助消灭虫害，消灭完虫害大家又可以独立地去管理属于自己的责任园区，这样的协作分工机制保证了整个庄园优良葡萄的丰产，也保证了团队的健康成长。各自为政常常需要花费更大的管理成本且不能集中消灭虫害或集中处理问题。各自为政且平均分配是大型庄园管理的大敌，因为各自为政不仅会引起成本增加，平均分配又会伤害管理者的积极性和责任心。每个人都希望得到尊重，一个人的付出要和回报相匹配，否则每个人必然会向不付出者学习，长此以往也就成了"一个和尚挑水吃，两个和尚抬水吃，三个和尚没水吃"。

一个工作团队常常因为工作阅历、工作经验、技术水准、管理能力的不同而被分成不同的梯队，有的人缺少技术和经验，有的人管理能力不足，这些人愿意向团队中的老同志、老法师学习。对于团队的管理者来说，如何回答他们提出的问题，如何给予他们成长的帮助，不仅体现了管理者的技术水准和管理水准，更重要的是体现了管理者的人格。什么样的领导带出什么样的兵，精英团队里成长起来的人也会成为精英。你在回答他人提出问题的同时，对于你自己也是一种提高。有些问题你可能未曾深入思考过，要给予准确的回答，你就必须认真思考，把你储备的知识和经验重新整理一遍，这无形中又巩固了你的所学。这些问题中也许会涉及新的知识点，你在解决和回答这类新问题的时候，也会学到新的知识。回答问题很有技巧，要想让提问者一次性就能理解和掌握，你就必须把最关键的部分毫无保留地讲解透彻。如果你有一种"教会了徒弟饿死了师傅"或"炫耀自己的价值"的想法，你是无法一次就教会那些想学习的人的，同样的问题要反反复复才能得到解决，即使你给他人的葡萄是甜的，但最终的味道也变成酸的了。

解决日常工作中的问题，首先需要有一个平等的思想，别以为别人来请教或问你问题，你就比别人高人一等。其实你仔细想想，别人来问你问题是帮助你所在的团队解决问题，从这一点来看，回答别人提出的问题是理所应当的。换一个角度来讲，别人来请教问题也是对你的一种信任和尊重，抱着平等的心态去和别人共同商榷和解决问题，最终的效果不仅仅是共同解决了问题，还建立了一种相互间的信任，这样的团队可以说将来会无坚不摧。

带领团队还要有一个平和的心态。要监督团队成员学习其他团队的长处，而不是去做无意义的攀比，脚踏实地才是团队长久的生存和发展之道。带领团队还要积极给予他人提高和发展的空间与领地，识人、用人、揽聚英才也是一个团队领头羊不可推卸的责任。良好的分工协作机制和团结拼搏友好和谐的工作氛围才会留得住人才，"铁打的营盘流水的兵"，铜墙铁壁的坚韧和万里长城的坚固是靠一批又一批的士兵去筑牢的，唯有怀着公益至上的平和心态方可与团队共同成长,百炼成钢。

酸碱度及湿度适宜的土地才会长出大而甜的葡萄。当所有人都不再有"吃不到葡萄说葡萄酸"的炫耀和嫉妒心时,当所有人都愿意为种植和收获葡萄而努力奉献时,平等、平和、共享、繁荣的团队就一定会铸成,企业的发展与个人的发展一定会融为一体,欣欣向荣,葡萄一定不会再有酸的。

时间如何标记

一个生命从婴儿逐渐长成儿童,从儿童走向少年,又从少年走向青年、中年、老年,在人世间也就多了一个传说,在时光的胶片上,也就刻下了一份印记。无论你是不是诗人,你都想把你所经历的岁月写成一篇感人的诗作,你也总想把你所走过的旅程化成动听的歌曲——这就是人们对于时间的情怀。

爱因斯坦的相对论证明,光速是不变的。以此为基础,在一个有限的空间里,时间也是不变的。如果明白了这一点,岁月对于我们来说或许就不应该有那么多的感慨。我们之所以不断感叹时光易逝和岁月无情,那是因为我们一直认为时间在不断地流走并带走了我们短暂的一生。如果时间不变,那又是什么改变了我们的容颜?又是什么让我们匆忙地走完这趟旅程?或许是成长,又或许是运动。如果我们从上海步行去珠穆朗玛峰,你走得越快,你用的时间就越少,但如果和光速相比,则并不是你改变了时间,而是你达不到光的速度,只不过是你比他人走得快一些。假定人的生命旅程都是一光年,或者假定从上海到珠穆朗玛峰的路程就是你一生走过的路程,这个时候就不是走得越快越有意义了,因为你走得越快就会越早结束你的生命旅程,那么你看旅程中的风景或做其他你认为有意义的事情的时间就会越少。

人们为了有效地标记和记录人类前进步伐和生产作息规律,以地球自转一周将我们的生长记作一天,以地球围绕太阳运转一周将我们的生长记作一年,这虽然是个非常优良的记录方式,但却给了人们一种生存的错觉,也影响了无数人的生活方式。有人把财富追求和自己认为的享受作为人生的第一追求,有人在不紧不慢地探索这个世界,有人把缺陷和完美全都化作精妙的文字,有人把失意和得意全都付诸流水。

对于宇宙世界的探索,让我们知道了能量守恒定律,物体的运动和万物的生长都必须从外部吸收能量。人类与地球上其他生物要说有什么大的不同,我还真的不好给出定义。你如果说"人除了物质上的能量补给需求,还有精神上的需求,这就是人类与其他生物的不同",我不禁要问,你怎么会知道其他生物就没有精神上的需求?从目前对所有哺乳动物的研究结果来看,它们同样有精神上的需求,它的伴侣或者孩子不幸去世,它们同样会悲伤,它们也总是像人类一样关心和培育它们的下一代。人类时常会剥夺它们的生存权,包括我在内,弱肉强食与物竞天择或许是生物生长过程中永远无法逃脱的规则,人类的史册上基本不会记录人类对这些生物的控制和伤害。

　　人类社会的发展史基本上是一部争斗史，人们不断地争夺、杀戮，归根结底是要做最强大的人，是要做一个凌驾于时间和自然规律之上的人。他们的思想里只有一种时间思维方式，认为人出生是起点、死亡是终点，在从出生到死亡的行程上，谁摄取得多，谁就是人生的赢家，这种观念一直统治着人们生存的思想，从而导致人们的行为变得十分怪诞。从时间不变的原则出发，作为这个世界的个体，人的出生既是起点又是终点，人的死亡是人们重归出发点的印记。如果我们在自己的行程上每走一段就刻上一个记号，你会惊奇地发现，人的生命长短并不是谁比谁多活了多少年，而是这两类人所行走的路线和轨迹大不相同。如果人的生命——一百年——用一个有限的线段来表示，它的起点和终点都位于同一点，它的直线长度为一百年的二分之一，那么通常所说的活得短的人，他们出发和归来行走的曲线弧度往往都很小，而那些活得长的人行走的曲线弧度都很大。所以在这个世界上，你的攀比是毫无意义的，他人走过的轨迹永远不会与你的完全相同，但宇宙赋予每个人生命的行程都是有限的路途，你以何种方式去走才是最重要的。

　　在生命的有限空间里，一直存在着许许多多的小空间。在我们生命的轨迹旁，常常会与这些小空间发生强烈的感应场交流，思想的碰撞和价值观的交流时常会掀起风暴或旋涡。碰撞过后，我们依然沿着自己的轨道前行，尽管你会在某个驿站停留，或者邂逅某一个来到驿站的人。人类的空间也许是个很大的椭圆，这个椭圆是直立的，一端立于地面，一端伸入空中，每个人都以不同的方式标记自己走过的路程。然而这样的路程就是一个由地面向上升又回到地面的过程，无论你怎样行走，终究会回到起点。你所标记的印痕就如同空气里的分子，或许会与其他分子碰击，或许会独自运行，但不管是否给他人以能量，你所刻下的会永远留在那里，后来者也会有着自己的行程。我们常常为那些英年早逝者嗟叹，也常常为生命的老去而伤感，那是因为我们不知道自己会在宇宙里刻下生命的印痕，也并不知道自己将会回到生命的起点。

尽管每个人的生命轨迹不尽相同，但也会时常与他人同行，一起走过一段路程。与朋友、同事、家人形成的小感应场常使我们纠缠其中，就如同手掌中的主纹，在它的两侧总会伴生一些从纹，在这纠缠之中，我们不断丰富刻痕里的内容。有人常说："走慢一些吧！等待我们身后的灵魂。"或许这是人们对于速度过快而造成生命损坏的担忧，但生命的真正意义在于，你永远无法超越你的思想。时间既然不变，你想凌驾于时间之上，就得创造出另外一个空间，但不论你如何创造，你的躯体永远只能待在它出生时就已被定义的空间里，而你的思想或许真的能飞到另外一个空间过着另一种生活，走着另一段浪漫的行程。

人类在不断探索的过程中会犯下一些致命的错误，标记和记录人类前进过程的时间方法的发明也许就是一个最大的错误，它给予人们的误导真的太多。如果人类没有用时间这种方式来记录轨迹，那么我们每个人都会活得自由奔放，日出而作、日落而息，我觉得这并不代表落后。假如在今天技术发达的时代，办事交付成果不是以人为制定的 24 小时制为基础，而是遵从自然以日出和日落为基础，在我们心里也许就不会有那么多人为设置的紧迫感，我们的肉体和灵魂也许活得更加接近自然，因为我们前进的脚步永远达不到光的速度。

历史的惯性总在不断推动着人们连滚带爬地行走，错误的思想决定了人们的生存发展方式，人们再也难以找回自然行进的心境，对财富的过度追求思维常遮住人类思想的光芒。纵观整个地球村，人从出生开始就被灌输"财富决定人生"的观念，每个人的一生都几乎在追求物质享受和财富快感的节奏中度过，现代社会任何一项改进和创造都带着血淋淋的资本剥削，很多人的大半生都围绕着生存转，试想一下，这样的世界，还会有多少人为天下苍生的自然发展而奉献智慧和精力？我们无法改变这个世界，因为人类之所以记录时间，就是为了证明人类的才智，实则是一种无法则的贪婪，从奴隶主到资本大鳄，很多野心勃勃的人都想做时间的主宰者，但这都违背了自然，所以他们终究会被打翻在人类前进的征途上。

如果把人类的发展史看作是一条沿着空间延伸的直线，那么我们每个人的一生就是这条直线上的某一小段，在这每一小段的上方又张开了N段曲线。你虽然回归到你这个线段的起点，但在这小段线段上又会出现无数个起点，依次向前循环，它们以不同的方式和速度行走在这条直线上，每一段变化的曲线就代表着一个生命的历程。在这段曲线里，或许我们曾经拼命地攀爬、奔跑，或许我们曾经一起坐在树荫下歇息，但终究逃脱不掉时间的年轮，仔细回味，那只不过是一段从起点回到起点的征途上的一个又一个印痕。

来到这个世界，不管你愿意不愿意，你都得走完这一段终点与起点合一的路程，时间有时候会成为束缚你探寻生命价值的绳索，思考、思想，才会让你找到另一个空间，你今生的情怀或许会在那个空间里延续，时间也许使你的生命失去了本来的意义。

造就你人生的是什么

人类的历史长河奔流不息，无数思想者在生命的接力赛中诞生，有如浩瀚天空里闪亮的星星，尽管离我们很远很远，但我们依然感觉到它的明亮。从人从哪里来，到世界是以什么样的方式存在，从地球是方的还是圆的，到人类如何管理好自己……哲学的秘密和自然的密码无一不在探索中被逐一解开。在这个解答的过程中，思想起了决定性的作用。

人们在探索真理的路上往往走得非常艰辛，这主要由于人类的阶层分化和固有思维。无论是什么样的思想和真理，统治者总是希望为己所用。固有思维是由于历史的认知而形成，推翻固有认知去重新探得真理需要一个极其漫长的过程。我们中的大多数人都甘愿接受现状，那些极少数追求真相和提出创新思想的人常常在自己生活的社会和时代里看不到希望，往往等到过世后甚至更长时间后才被后来者所认知和认可。

生活在地球村的人们，随意翻开各个国家的发展图卷，总会找到一些为变革而努力斗争的人们，也会找到为人类发展所需要的科学技术而奉献的奋斗者，而那些未被载入史册的思想者和研究者更是数不胜数。时代的变革不断推动着人类的进步和国家的发展。美国南北战争后，精英们积极推动美国体制变革，使美国走上了强盛的快车道；明治维新将日本打造成一个现代化的国家；欧洲第二次工业革命让人类科技生产的发展迈向了历史新高度……今天，改革开放的中国正奋发向前，努力实现中华民族的伟大复兴。这一切都有力地证明，思想是人类自我发展的灵魂，正确的思想才会把人类带向光辉的明天。

古代的思想能形成著作流传下来的大都集中于哲学和文学，另外一些就是军事和医学，因为那个时代的科技理论基础还处在萌芽状态，对于一些物理、化学及自然科学还无成套的理论体系，而与人的生存生活密切相关的哲学、医学、军事则已相对较快地发展成为体系。

人类世界里，思想的号召力是极为强大的，将思想的号召力发挥得好将会产生神奇效果。马克思和恩格斯起草的《共产党宣言》就是思想号召力的代表。《共产党宣言》对无产阶级的革命斗争具有不可估量的指导意义，中国共产党更是将马克思主义思想发挥到了极致，不仅在马克思主义思想的指导下取得了中国革命的胜利，建立了新中国，而且将马克思主义思想与中国社会主义建设的实践紧密结合起来，不断推陈出新，开创了新时代中国共产党人的社会主义特色思想，正带领着中国人民迈向小康，走向社会主义现代化强国，也正和全世界人民一起共同构建人类命运共同体。

思想的认同是人们能够一起奋斗取得成功的前提，但思想上的认同并不是绝对的认同。大的原则正确了，在针对具体事情时也往往要采取不同的方式，因为矛盾在不同的事物上体现的形式是不同的，即使是同一事物，在其不同的发展阶段所要解决的主要矛盾也会不同，"和而不同"是对处理事情持不同意见的人相处的最高境界，也是站在同一个大局高度上的人们思想的有机统一。大到一个国家，小到一个小单位，如果没有一个思想核心，那么这个国家或单位将无法迈向更高的目标。对思想的认同并不能总是一味盲目地认同。大凡是能够传承下来被人们认可的思想都有一个共同的特点，那就是为人民服务的思想，或者是代表最广大劳动人民利益的思想。对思想的盲目认同往往给人们造成伤害甚至灾难。"纳粹"思想及"军国主义"思想的泛滥，直接把人们带入了第二次世界大战的深渊，千千万万的正义之士为获得自由、平等、生存而与受这些思想毒害的盲从者战斗，虽然正义之师最终取得了胜利，但人类为此付出的代价史无前例，触目惊心；邪教之所以能够让信徒们追随，就是其教派掌教者深谙思想统治之道，通过各种途径给人们灌输他们教派的思想，让人们从思想上接受和认同，进而瓦解人们的主观意志而使人们成为他们的教徒，再为达到某种目的而让教徒们听命顺从。所有邪教最根本的特征都是反人类和反社会的，这与恐怖主义分子的本质特征基本一致，只不过邪教与恐怖分子反人类反社会的表现方式和手段有所不同。世界上各大邪教组织给善良的教徒和社会带来了诸如自杀、毒杀、性侵、扰乱公共秩序、打砸、烧杀等伤害，也对人类生存的道德良知发起了挑战；恐怖分子反人类和反社会的思想更加强烈和歹毒，他们的手段也更加残忍，每年死于恐怖袭击的人们多达六七千人,给无数家庭带来了巨大的悲痛,给人们的生活和生存带来了极大的威胁和伤害。

我们不可能长生不老,我们也不可能成为神仙。我们虽然都明白这个道理,但总有些人会异想天开,也总有些人的思想缺少灵魂,这些人极其容易被反人类反社会的别有用心者所利用,这些人也极易成为反人类反社会中的一员。就拿我们一起奋斗的团队来说吧。如果一个团队的成员都没有自己的独立思想致使一味地盲从是多么令人胆颤心惊。我们时常看到那些因登山探险而迷路的相关报道,甚至有人因迷路而受伤或死亡,其根本原因就是在团队中往往有一个自称经验丰富的老大,队友基本只听老大的安排,一味盲从,而不是充分发挥"三个臭皮匠抵一个诸葛亮"的作用,对路途各类险情考虑不周,缺乏应有的准备和方法;在我们的日常工作中,人们的思想也常常被专家大师们的思想所左右,对心存疑虑的问题不敢将自己的想法提出来,久而久之,有些错误的东西常会被当作正确的来用,直至有一天出现某些问题方才经过慎重探讨而被重新定位到正确的方向。"己所不欲勿施于人",一个好的领导或主管,是绝对不会把自己都没有想好和搞清楚的问题强加给下属去完成的。对于自己想做而又没有想清楚的事情,最好的方法就是提出问题,发挥大家的智慧去思考,在群策群力的基础之上予以提炼和解决。不论你做什么行业,也不论你做什么事情,思想决定了你用什么方法去做,也决定了你怎么和他人一起去做,最终也会导致你做出什么样的结果。

光辉的思想能给人们指明方向,狂妄的思想能把人们带入地狱的深渊，盲从的思想使人失去存在的意义，独立的思想能发现真理。思想既是人们行动的指南，也是人们奋斗的源泉，愿我们的思想不被杂草覆盖，愿我们的思想能给我们带来一份强劲的事业，带来一个绚丽的人生。

梦想能否照进现实

  我们在语文课本或其他书刊上，经常会看到一些"某某从小就怀有某某伟大的梦想"之类的心灵鸡汤。但在实际生活中，很多人的成功并不是说你预先立好志就能按照所立志向获得成功，大多数的成功都是在不断探索和实践中偶然取得的，当然自身的修养和合适的环境还是必须要有的。

  俗语说："女怕嫁错郎，男怕入错行。"这是非常有道理的，一个适合的行当和优越的发展环境对于想做一番事业的人来说都是求之不得的。一个好的平台可以帮助大家较快地成长，但并不能够让所有人都能优越地成长。我们说一个人优越，并不是要求他是个伟人、大企业家、大科学家、大领导者等常规意识里特别优秀的人，而是说在这个人身上有一种优良的品格，比如有较强的学习能力、执行能力、组织能力、和善待人、有大局意识等，有这种品格的人常会在实践中不断进取，取得一定的成就。在日常生活中我们常常发现，生活在不同环境和文化氛围里的人们，在事业和生活方面会有很大的差别；即便在同一环境下，各人取得的成就也会有天壤之别，这除了与工作环境和生活氛围有关外，最重要的还是看人们是否具有优良的品格。

善于学习和总结是人们成功的基本要素之一。翻开历史的画卷，我们不难发现，伟人之所以伟大，他们都有一个学习和总结的良好习惯。他们不断地向自然学习、向同行学习、向前人学习，在学习的基础上予以整理总结，并予以思考和拓展，最终使自己的思想及专业更适合于发现自然奥秘或社会规律，人类的不断进步与伟人的成功发现息息相关。我们所处的岩土行业已经发展到难以突破和进步的尴尬境地，虽有大批土木专业的人才仍战斗在这个传统行业的一线，但其理论创新和技术的重大突破与其他行业相比让人汗颜，虽然每年都有许多学者或技术人员在进行科研，但真正能运用于实践，给社会带来较大价值并能较大提升生产力的研究成果少之又少，究其根本原因，行业内缺少一种跨界学习的精神，也缺少一种务实求真的环境氛围，培养一批跨专业、跨学科的综合性土木专业技术人才是当务之急，也是相关主管部门和科研院校能否善于学习和总结的特征表现。

组织能力和执行能力良好是人们取得成功的基本特质。无论是企事业单位还是政府机关，大凡能够有成就和有建树的人，其组织能力和执行能力都相对较强，这两种能力并不是孤立的，而是相互交织和互为支撑的。

和善待人和大局意识是成功的必备因素。我们生活在人类的大家园，每个人的任何行动都会受到人类生产关系的影响，闭塞愚昧和骄横跋扈都会将成功拒之门外。时代信息技术的高度发展给人们的交流方式和速度带来了极大的转变，紧跟时代的步伐也是现代社会人们取得成功的关键。看看时代的大佬们基本上都与国家或世界发展的技术趋势和行业趋势紧密相联，信息产业、生物医学产业、智能制造产业早已席卷全球，"一带一路"建设就是大局意识、和善待人的有力例证，"人类命运共同体"的提出更把和善待人上升到一个前所未有的高度。我们企业的发展和个人的成功已经无法分开，在企业这个大家庭里，领头人的大局意识和员工的大局意识观都非常重要。领头人的大局意识缺乏会导致企业缺乏标杆，员工缺乏大局观会导致企业发展矛盾重重，成天受阻于内耗和纷争；和善待人是使员工获得认同感和关系和谐的法宝，很多人对企业的不满都是由于自己在这个企业受到了不公正待遇和无法让自己的思想得到交流。久而久之，就会让员工感受到这个企业的文化生硬、低端、不兼容，从而失去了对企业的认同和自己在此发展的信心，再进而离开这个企业另行高就。企业人才的不断流失必将导致这个企业停滞不前和关门歇业。

几十年的耕作教会了我很多很多，我虽然没有取得世人瞩目的成功，但我在人生的每个阶段都脚踏实地、诚信待人、虚心学习，并将和善待人和企业发展大局作为自己前进的动力和风向标。从一无所有的穷学生成长为一名综合性的岩土技术工作者，我不仅获得了物质财富，也获得了精神财富，深刻体会到看一个人的成功更重要的是看他带领多少人走向了成功，物质条件只是其外在美，真正的美是让人们与你一同欢笑，与你携手坚毅行进。

"剩余价值论"让人们认识了资本的本质，社会主义核心价值观是共同富裕，是人民当家作主。在今天经济与技术齐头猛进的时代，技术价值越来越被人们所重视，实现自己的价值途径也更加宽广。你可以通过辛勤耕耘而成长，也可以通过投入资金而发展，还可以通过自己创新创造的特有技术入股钟情于你的企业。梦想与现实的距离并没有那么遥远，个人的梦想融进团队的发展也许才是基本的成功，个人的梦想融进国家和民族的发展会帮助你取得最大的成功。

每个人都有自己的桃花源，但人生的发展会不断改变你的梦想。当你儿时的梦想不再能够实现的时候，走好每一步，用自己学得的知识，用自己高尚的人格，用自己独具的能力，打造属于自己的成功，也与团队一起打造属于大家的成功，你的梦想肯定会与现实同行，愿每个人都享受成功的快乐！

你跳舞的样子很美

琴棋书画，尽显儒雅，辞赋歌舞，风流有加。从古到今，人们的生活里从来就不缺乏艺术和娱乐。人们在琴棋书画的世界里陶冶情操，留下风韵婀娜，人们在辞赋歌舞的变幻里历练意志，刻下万众风情。

琴棋书画或辞赋歌舞之所以为人们所热爱，一来是人们都有想展现美好生活和自己才华的意愿，二来是人们都在追求一种精神享受和释放生活压力。古代人们把会琴棋书画作为衡量女子德行优劣的一种标准,把辞赋歌舞作为消愁解闷或抒发情感的一种方式;现代社会人们则将琴棋书画和辞赋歌舞都看作是一种技能或才艺,有将其作为专业和职业的,有将其作为爱好和特长的,而在我的心里,更多的是把其当作一种修养。"动养身,静养心。"这是中国几千年文化里最具代表性的一种养生文化,琴棋书画的养心和养身作用早已为人们所熟知,吟诵辞赋和唱歌跳舞有益身体健康。

我想大家都不会忘记自己的童年生活,在孩子的心里,有父母陪伴的日子,不论生活多么艰辛都是美好和幸福的。儿童时最大的快乐莫过于放学后和小伙伴们一起跳皮筋、踢毽子和跳缸了,谁跳得好、踢得多,谁就能引来羡慕的目光。小伙伴飘动的身影和飞舞的马尾辫,不仅会感染我们,也时常会感染大人,大人们也会在空闲时刻围观小伙伴们的表演,无拘无束和一脸汗水的每个小伙伴都无比惬意和开心,仿佛天下最美的事都被我们占据了,"一二三,三二一,马兰开花二十一……"的歌谣和那被绷紧的皮筋一起在空气中旋转,还有那凉爽的风。

及至上了中学,我才渐渐懂得"犹抱琵琶半遮面"的含蓄和"不及汪伦送我情"的深切,才渐渐懂得"高山流水识琴音"的难得和"伯牙摔琴因子期"的枉然,才渐渐懂得"先天下之忧而忧,后天下之乐而乐"的情怀和"敦煌飞天"的惊艳。有多少篇入心的诗词,就有多少个动人的故事,有多少首走心的乐曲,就有多少个心酸的情景,有多少次旋转的身姿,就有多少个迷茫的青春。但滚滚红尘绝不会因你惆怅而停歇,踩着迪斯科的节拍,唱着"我是一棵小草",看着"被爱情遗忘的角落",回味着"妈妈的吻"的甜蜜,在"高三了,还有闲情唱"的迷惑中,我们告别了这舞动的季节,告别了这如火如风的岁月。

青春的迷茫无法掩盖轻舞飞扬。无论你来自哪里,也无论你有过怎样的经历,总会被这到处散发着活力和年轻气息的场景所打动,你总会情不自禁地跟着曼妙的音乐在七彩霓虹灯下轻松地跳动,更多的时候,你会用钦佩的眼神看着那一个个飞转的身影,仿佛他们身上有着硕大的吸铁石,你被定格在了那随风飘舞的世界,只有当音乐声骤停的时刻,你才会从那迷人的世界里恢复清醒。

七月炎热的天空,绽放出一条优美的光线,最终沉落于那苍阔的大地,就这样我们悄然开始了一个新的旅程。新的使命不得不改变我们的运动轨迹,八小时之内的循规蹈矩让我们渐渐消去了那份炙热的情怀,唯有下班后的一段篮球时光还可以展现我们年轻的模样,工作、恋爱、成家成了我们这一阶段人生的三部曲。虽说少了舞动的旋律,但并不缺乏舞动的画面,一起骑车,一起游泳,一起乘船,一起看电影,相聚时阳光总是那么明媚,欢乐的笑容定格在最美的年华。

新的生命给我们带来了全新的欢乐。与其他欢乐相比,最大的不同就在于新生命是你和她共同创造的,是你们生命的共同延续,第一次微笑、第一次走路、第一次挥手,都如同精灵在舞蹈,透露出一份新奇和灵动,让你不由自主地报以赞叹和欣赏。新生命在不断变换的舞姿中、歌声里、童诗里长大,留下的是不同的感受和无法重获的美好,这一切随着时光的流逝渐渐被压进记忆的仓储。

舞台上的精彩蕴藏着许多不为人知的故事，也饱含着滴滴苦涩的汗水。我时常为那些出彩的舞者喝彩，我也深深地懂得成功背后付出的艰辛。生活中不可能永远是高潮，为了高潮或者精彩而铺垫，既是生物界的规律，也是生活的美妙之处。烈日下飞转的自行车轮和你脚踩踏板的模样俨然是一幅清新的水墨画，上上下下的标贯锤和你唰唰移动的铅笔给这片土地展现了一段精美的舞蹈，你有一颗热爱生活的心，你走过的每一段路程都会给你留下最美的舞步。我常常被别人的激情所打动，我钦佩在人生旅途上的每一个人，因为他们都有自己独创的舞步，他们都在跳着世间最美的舞蹈。我有时独自站在窗前，看细雨下打伞前行的人们和扬起阵阵烟雾的车轮，我有时站在水岸，看月光下倒映的树影，投一颗石子，涟漪晃动，树影散去又重新出现——只要你细心地品赏，生活处处都有舞动的花丛。

从交谊舞到街舞，从霹雳舞到广场舞，从拉丁舞到鬼步舞，时代的印记是那么鲜明。尽管岁月如刀，每个人终究逃不过岁月在脸上刻下的一道道印痕，但我们的心里从来没有害怕过苍老的来临，虽然已缺少那份冲动，但生活里的每一个舞动都会将我们带入欢乐的海洋。我怀念曾经的青葱岁月，更热爱现在的幸福时光，生活需要年轻的身影，生活需要跳动的激情，在快节奏的时代，能够慢下心灵，看一段身边年轻人的舞蹈，青春的气息会将我的心渐渐融化，久违的快乐和幸福感又悄悄地爬上了心头。

人们常把"诗和远方"挂在嘴边，也常常去追求远足的浪漫，这也许是受周围人们生活环境的影响。其实不只是"诗和远方"才会带来快乐，我们在追求远足的快感时往往忽略了身旁的愉悦——无论是和团队成员一起跳舞，还是在一旁静静观赏他们的舞蹈，满满的幸福都会把你紧紧围绕。繁重的工作和悠闲的生活并不是相互对立的，只要你用心去安排，繁重的工作也会变得轻松，因为愉快的舞蹈或有节奏的运动会舒缓你的身体，放飞你的心情。

拿着手机低头过马路的样子你也许永远不会想看，又或许你根本就无法看到，那是时代给你戴上的枷锁。很多人的青春和梦想被这枷锁困住，等到连呼吸都感到困难而想挣脱时，发现自己早已过了奋斗的美好年华。我为他们感到可惜，我也哀叹自己无能为力。唯有每天留给自己一定的运动和跳舞时间，你的头脑才会越发清醒，你的面貌才会越发精神，你的工作才会有条不紊，你的生活才会充满信心，你的人生才会光彩照人。

走过了一程泥泞，看惯了皓月秋风，经历了酷暑寒冬，若有人问我生活中什么最美，我会毫不犹豫地回答："你跳舞的样子最美！"

相处的艺术核心

辽阔的原野生机盎然，金色的阳光下，稻穗迎风起浪；高耸的山峰松涛阵阵，灵动的云雾里，松鼠蹿上跳下；苍茫的天空下，雄鹰展翅翱翔；蔚蓝的海面上，海豚在欢快徜徉。这一切都是那么美好和谐，让人们心旌摇荡，舒适徜徉。

我们生活的世界除了自然的和美，更主要的还有人与人之间的和好。我们在听音乐的时候，常被其优美所感动，除了主旋律的动听，和声亦功不可没，如果没有了配合精妙的和声，这首作品将会逊色几分；一部感人的影视作品，如果没有配角和一干群众的衬托，主角的光彩绝不会那么艳丽照人；一出精彩的京戏，生、旦、净、末、丑的唱腔搭配肯定是美妙绝伦。

现实生活里，很多人根本不知道和谐的真谛，对和谐之美所带来的幸福也似乎无从体会。

高、中、低音的有机统一，向我们展现了极为动听的歌曲；一个团队要取得成功，必然有着不同的分工，每个成员是否站好自己的岗是团队能否总体前进的关键。自行车行进，其链条中的每一环节都十分重要，要是其中一个铆钉坏了，这整根链条就会掉下来，自行车自然就无法前行了，唯一的办法就是将链条重新修好。在我们日常团队协作中，个别岗位的成员也可能出现掉链子的现象，这时团队其他成员要做的就是给予其引导和帮助，而不是责备和责难，这样的团队才是和谐的，也必将取得更大的成功。

真诚和彼此认同是一个优秀团队所必须具备的优良品质，也是社会和谐发展的必备要素。尔虞我诈的世界里根本无和谐可言，即使取得一些成绩，也只不过是虚假繁华，最终会像海市蜃楼一样留下一片虚幻。团队成员之间要保持真诚，这是团队和谐相处的必要条件。彼此认同也是支持团队成员共同成长的重要因素。团队成员往往对待同一件事情的看法和处理方式会有所不同，但只要方向和目的都是正确的，就应给予认同和支持。这种认同和支持并不是简单的给予认可，而是要针对任务处理过程中的难点和缺陷，给予技术或思路上的解析、探讨和解决，长此以往就会打造出一支团结、智慧和作风过硬的优良队伍。

海纳百川和兼容并蓄是上海文化的特点，也是团队发展壮大所必须具备的特质。任何一个新成员的加入，必定会给团队带来一些外来文化和成员的个人特色。如何吸收新成员带来的外部文化的优点？如何发挥新成员的个人特色？团队必须给予新成员答复。良好的环境和优质的土壤是每个新加入成员生长所必需的，包容和吸纳是让新加入成员适应和生长的法宝。共享也是团队和谐的法宝，团队的成绩是大家共同打拼出来的，团队的成功理应由大家共同分享，团队成员之间的收益可以存在一定的差距，但这个差距一定是要建立在不同贡献程度的基础之上，绝不可以任意人为地拉大团队成员之间的收益差距，在共同制定的制度下有基本保障和按劳分配是确保公平分享成果的准则。

多年来，我的工作环境经历了几次变化，我能够快速融入新单位，得感谢团队上上下下成员的信任和帮助。我时常抱着一颗感恩的心与人相处，尊重他人是与人关系融洽的钥匙。人生的每一阶段看待问题的角度和深度都有所不同。年轻人有年轻人的朝气，年长者有年长者的经验，中年人有中年人的成熟，你想与不同年龄阶段的人处好关系，就得平等对待每一个人。对领导者不要刻意奉迎，对下属不要打压或显摆，对老同志不要看不习惯，这其实就是一种尊重。

每个人都有属于自己的故事，每个人也都有属于自己的思想，不同风格的人相处，要常站在对方的角度去看待问题，只有这样才能明确彼此的需求和愿望，也只有这样才能共同成长。韩愈在《师说》中就明确告诉我们："闻道有先后，术业有专攻。"我们先后来到人世间，必然会有各自的特点，不要轻易说别人什么都不懂，抱着彼此探讨的态度才是团队共同提高的正确选择。多年的工作经历，留给了我许多难忘的光景，我从很多人身上学到了包容、认同与感恩，也渐渐学会了如何尊重人。我尽力去帮助别人，我为他们的成长和成功感到高兴。我也得到了许多人的支持，我会铭记在心，我会把这份能量传递给更多的人。我虽然没有取得巨大的成功，但我也不是一个失败者。何为成功在每个人的心中都会有所不同，我为我一起奋斗的团队感到骄傲，因为我们是一群默默奉献的人，是一群和谐美丽幸福的人。

和声一曲云霄里，携手扬帆踏征程。日月共转生四季，登峰同唱颂龙腾。和声之美，一定会为你带来繁荣和安宁，幸福之花开遍山林！

第十章

谁是谁的榜样

　　我们时常对那些不文明现象进行抨击，但实际上我们有时也会无意间做出不文明的行为；我们时常感叹年轻人不努力上进，实际上我们并没有真正地进入他们的世界。"夫以铜为镜，可以正衣冠；以史为镜，可以知兴替；以人为镜，可以知得失。"如果我们都能像魏征一样，常常看到他人的优点，找找自己身上的不足，那么这个世界就会更加文明，就会多一分理解，就会更加包容。

改变不文明出行

日常生活中，自行车、助力车、摩托车、汽车、公交、地铁成为城市里人们最常见的出行工具。形形色色的车辆行驶在道路上，如果没有良好的交通秩序和交通素养，混乱恐怕是在所难免的。

世界各地每天都会发生大量交通事故。我国每年交通事故仍属高发阶段，仅2016年，交通事故就高达864万多起，因交通事故造成的死亡人数达6万多，而2016年之前的交通死亡人数更多。大多数事故发生的原因就是违章。

造成交通违章违法的根本原因从本质上分析，大部分是行为人受利益驱动，也有极少数违章是由于管理者的管理行为不当造成的。人们违章违法，或是由于急于上班，或是急于回家，又或是急于赴约。这些人违章的时候，根本不会考虑到自己侵犯了社会公共资源和他人的利益，更不会想到由于他这一行为可能会给自己、家庭和他人带来无尽的烦恼或伤害。这些人私欲一般都比较强，一切都会以自我为中心，把马路当作自己家的客厅，想怎么活动就怎么活动。如果再往深里研究，可能与其所受的基础教育有关。我们国家在一段时间内缺少爱国、交通行为和公共道德等基本素质和情操教育，因而会出现一些与社会进步不相协调的现象。一个人的遵纪守法意识一定要强、行为一定要文明。我时常和他人讲，你在自己家里可以做任何事情，但到了公共场所，你就一定要有公德，不要因为一己之私而遭万人唾骂，更不要因为一己之私给自己和他人带来伤害。

在交通行为上还有一种人让人深恶痛绝的现象，其一就是土方车横冲直撞，渣土、泥浆常常撒落一地，给城市的文明蒙上了一层厚厚的阴影；其二就是边开车边扔垃圾的行为。我经常看到一些开豪车的人动不动就从车窗里扔出餐巾纸、食品袋、饮料瓶等，有时真想打开车窗，给他们喊话教育他们一番。2018年春节前我开车去某地，某段道路中间的隔离带和两侧的绿化带内躺满了易拉罐、塑料袋、餐巾纸。这一方面体现了该路段的管理者缺乏责任心，另一方面体现了扔垃圾者的素质低下。实际上，不乱扔垃圾真的是举手之劳，社会的文明是靠我们大家一起来创造的。

美国交通部门的研究发现，傍晚六点至晚上九点这一时间段交通事故发生率最高。其原因主要有二，其一是在这个时间段，忙碌了一天的人们都着急回家，本来身心就很劳累了，再加上心情着急，就很容易引发交通事故；其二是这个时间段，夜晚刚降临，灯光的光线不如白天明亮，再加上各种散光同时出现，会给人一种视觉上的混乱，容易发生交通事故。所以，在这个时间段开车的人们一定要集中精力小心驾驶，以确保交通安全。

还有一种很奇特的现象，行人过马路时，本来大家都在安静地等待绿灯亮起，但一旦有一个人闯红灯，后面就有一群人跟着去闯红灯，大大降低了绿灯通行效率，同时也会产生安全隐患或导致交通事故的发生。看来文明出行的教育还需要深入到每个人心中。

"以人为本"是我国民生民权建设的一项基本政策，也是对每一个生命的尊重，但我们绝不要因为有了这个政策而肆意妄行。为了你自己和你家人，做一个真正守法、文明出行、安全出行的人。

别给自己添烦恼

"人之初,性本善",抑或是"人之初,性本恶",只不过是各种哲学对人性的不同解读。我并不在乎人之初的善与恶,我关注的是从人之初开始至人之末结束这一段生命的历程。在这段历程里你是否绽放出人性的光辉,才是我关注的焦点。

自从有了微信朋友圈,圈里各种稀奇古怪的行为都有,有人在圈里发泄不满,有人发带强迫咒语的文章,有因彼此观念不同而吵架的,有不断打广告推销产品的……对于这些,我心知肚明,但对于以上现象,我要发表一下自己的观点。

对于那些在朋友圈里发泄对社会不满的人,你要对其行为的深层次原因进行分析。实际上,这些人大部分生活条件都不差,只不过是心态问题,连鸡毛蒜皮的事情都要耿耿于怀。有这么一个人,股市牛市的时候,天天发股票上涨和赚钱的信息,不断向大家推荐个股;当股市熊市的时候,就天天发牢骚,大骂政府腐败。其实这个人的日子过得非常不错,经济宽裕,财务自由,但就是心胸狭窄,常常在圈里抱怨这抱怨那。还有一小类人,思想偏激,整天挂在网上,只知道人云亦云地针砭时事、滔天漫说,不知道来点实际的奋斗。对这类人,我的态度就是冷而待之。

对于那些强迫别人转发他自创或是转发的文章的人,我是从来不做回应的,也不会继续点开他们发来的链接;对于打广告推销的人,我认为要理解他们,他们必须靠卖产品来创收,就抱着随意浏览的态度，有需要就买一份，没有需要也不必去作回应；对于那些无限夸大产品功能或保健品功效的人，我只是抱着看热闹的态度，两不相干。

现实生活里也有些不合时宜的事情。有些人刚愎自用，认为全天下唯我独尊，别人都要为他服务，稍有不称心，就会满腹牢骚；还有些人，一切以金钱利益为出发点，无论什么关系，只要有点小利可图，就不惜破坏友好的氛围。对于这类人，最好的方法就是将事情说清楚，以理服人，尽管会产生一些不愉快，但无论对自己还是对他人都是有益无害的。

生活里，每个人对事情的处理或对事物的看法截然不同。前一阶段关于借钱的话题引发热议，无数人感慨这样的现实造就了如今的人情冷漠。要想回归社会温暖，让人心不再冰冷，最好的方法就是每个人必须做到自律、守信。诚信，是社会人互相交流的底线，因而，自律诚信，一直要作为个人贯彻执行的标准。

无论是初次相识的朋友还是相处多年的老友，我的待友之道都是——真诚。你以诚待人，别人也会以诚待你，除非是那些心术不正的人。我的待人处事观虽然简单，但它给我带来了很多真诚的朋友，也为我的事业发展赢得了良好的机遇。

人的一生，要追求的东西很多，有的人一生追求财富，有的人一生追求名声，有的人一生酷爱流浪，有的人只求现世安稳……但我觉得，无论是哪种爱好和追求，最好都要有个度，超越常态地去过度追求，常常会失却本心。更何况在不同的人生阶段，追求的目标会随着环境、经验、年龄等的不同而不同，孜孜以求的东西反而会束缚了自己。

人贵有自知之明。有些景色虽然美好，但你的能力却无法接近欣赏，那最好就是远远观看，反而可以省却很多不必要的麻烦，得到另外一种美丽和收获。

不在其位，不谋其政，实际上充分展现了角色的重要性。在我们生活的世界里，每个人都同时扮演着主角和配角：你挑起了一个家庭的重担，肩负着照顾老人和养育孩子的责任，你就是主角；你尽心完成自己分内的工作时，你就是一个绝好的配角。

你努力过，你奋斗过，至于能取得多大的成就，那不仅仅取决于你个人的努力，还与你所处的行业、所处的环境、能否遇见伯乐等密切相关。无论你取得怎样的成就，社会稳定、身体健康、家人平安才是最根本的追求。因此，要用一颗平淡之心来对待个人利益得失，也要有一种胸怀天下的情怀，那样不管你经受什么挫折，也不管经历什么样的打击，你都会宠辱不惊，也会赢得幸福，赢得美丽而精彩的人生。

现实社会也许比我们所能认知的世界更为复杂。当人们受利益驱动而不惜一切手段来对待这个世界里的他人时，你也许会无形中被卷入其中，但正义和善良、诚信和宽容会使你保持一颗博大的心，你坚持用心做事，坚持以诚待人，你就不会是这个世界的过客。

我们生活的世界，会有阳光雨露，也会有阴雨雾霭，以一颗平常心看世界，以一颗真诚心对他人，留一颗坦荡心给自己，瑰丽画卷就会徐徐绘成。

交流该以何种方式

从工业革命到计算机时代，从计算机时代到信息时代，从信息时代到大数据和人工智能，每一次科学技术的进步，必然会给人类的生产生活方式带来巨大的改变。互联网也改变了我们交流交友的方式，我们不仅活在现实的世界，还活在一个虚拟的世界。

刚毕业工作时，网络社交工具还很落后，要想联系上一个在外地的同学通常还要靠写信或打固定电话。但由于毕业时彼此并不知道各自将要工作单位的电话，所以联系起来极其不便。及至后来，拷机（传呼机）开始流行起来，但拷机用起来也不方便，每次接到呼叫信息，还得找个有公用电话的地方回电。再后来，手机开始逐渐普及，电话和短信才开始真正使彼此之间的联系便捷起来。在这期间，网络上开始出现校友通讯录的功能，在网站校友通讯录功能界面，输入学校班级即可查到你所在班级同学的联系方式，你也可以将自己的联络方式录入进去。要想获得新的信息，你得经常进入界面查看，这虽不方便，但毕竟表明了网络社交软件终端已经开始进入研发时期。

手机的研发和应用，网络及无线网络带宽及速度的发展，软件终端的开发，这些都为信息化的发展奠定了牢靠的基础，人与人之间的联络也易如反掌，不仅可以听到人的声音，而且还可以看到彼此通话的场景，不仅可以传输文字，还可以发送图片，海量的信息充满了整个网络世界。无论走到世界的哪个角落，几乎每个人手里都会拿着一部手机，犹如串起了数不清的空间纽带，把彼此紧紧系牢。

除了智能终端产品外，智能软件的开发与应用让人们的交流沟通变得更加便捷，人们的日常生活也被带进了网络的世界，很多专门的网站及软件、APP应运而生，小到日常购物和交流，大到恋爱与婚姻，现实生活中的需求，在网络世界里都可以寻找到其踪迹，很多人已经在网络的那一头找到了自己的终生伴侣。

朋友圈也不失时机地在时代大潮的涌动中横空出世，QQ、微博、微信等平台相继问世，电脑、手机均可登录，使得办公、交友等都变成触手可及，整个地球人仿佛一夜之间变得分身有术，在工作、娱乐的时刻依然可以与外界美好交融。

我工作和生活中使用得最多的软件是QQ和微信。2010年7月，我注册了QQ，主要是为了工作交流的方便，相互传送资料文件，对不清楚的问题彼此作沟通，再后来发表些说说、写些日志、在空间时光轴写些感受，也在相册里上传一些影集，能够看到这些的人都是我的QQ好友。QQ好友基本上都是同学和工作关系伙伴，彼此在现实生活中相对来说都比较熟悉，他们也会经常评价我发表的文字和照片，都是那种出自内心的感受。我的微信是在2013年9月注册的，微信中自带的朋友圈功能，尽情展示了朋友的风采，有晒旅游的、有晒娃的、有晒美食的、有晒随手拍的、有推销产品的、有晒健身的、有晒休闲娱乐的……应有尽有，尽显生活的多姿多彩，展现了很多励志大片，也喝够了美味的心灵鸡汤。我也在朋友圈里晒一些工作照、旅游照及即兴而作的诗词，彼此之间对一些有共鸣的题材进行评论和点赞，极大地丰富了业余生活，也消磨了许多时光。

网络的世界里，并不总是轻松和美好，如果不能对网络的内容及上网时间进行良好的控制，网络给人们所带来的恶劣后果是非常严重的。网络游戏，让无数家长头痛的虚拟世界，游戏编程者们抓住少年儿童及人们的心理特点，设置各种套路，让无数少年儿童甚至青年沉迷其中，不仅消耗大量时间、精力和金钱，还严重影响了青少年的学习或工作。有的网络游戏充斥色情和暴力，对于涉世未深的青少年来说，是一种极大的诱惑和伤害，因而，我强烈反对无节制的网络游戏，建议网络游戏要设置身份认证，包括身份证验证和人脸识别双重验证，此外，网络游戏还应设置每天玩网络游戏的时间长度，比如一至两个小时，这样也许可以避免网络游戏对人类的伤害。

QQ和微信还有一种功能，那就是建立群。出于某种目的，比如团队旅游、足球、聚会、工作，等等，随时都可以建起一个群，群内人员遇到任何问题都可以及时沟通或发送各类信息，以让其他群员予以支持或获得信息，这也给人们带来了一个共享的平台，最终很多指令、技术、问题、信息等都会很快予以执行、解决和传播。工作群常常会起到各种会议、召集的作用，可以省却逐个通知的麻烦，快捷又环保。

从交友功能及会议召集功能等出发，QQ和微信为社会的进步作出了一定的贡献，微博在人们的心理情绪及感情宣泄上起到了一定的作用；在记录生活方面，无论是QQ与微信，或是微博，都可以起到相同的作用，只不过看你习惯用哪个软件而已；至于微视、抖音、快手等软件，在人们业余娱乐方面，徒增了许多渠道与笑料。

网络世界虽是虚拟世界，但与现实生活的世界一样，存在着各类有违人性道德的行为与现象，很多人也会在此虚拟世界里从事欺骗或诈骗活动。总之，虚拟世界离不开生存的现实，保护好自己的钱包才是最重要的事情，虚拟与现实的世界里我们都要树立正确的理财观和人生观。

青春无限延期

站在北阳台，极目远眺，远处的房屋鳞次栉比，阳光下，路上行驶的汽车的挡风玻璃时不时反射着强烈的光芒，刺得我不得不闭上眼睛。我转身来到南边的阳台，低头看着院子里的草坪，几株玫瑰花竞相开放，草儿也显得格外青绿。

看够了窗外的风景，回到自己的书房，打开电脑，习惯性地浏览了一下行业服务管理中心的网站，一条申报行业专家的信息跃入眼帘。仔细阅读报名要求后，我便打开附件链接，逐条填写完所有栏目，又认真核对了一遍，然后点击保存。次日，我来到公司，上网站输入用户名和密码，打开报名表，选定、打印、签字、盖章，一气呵成，便开着车将报名表送往管理中心，管理中心专家科工作人员审核无误后便收了下来。过了几日，我接到通知，参加了专家培训。

培训结束后,我拿到了面试通知。那一天,我早早地来到了面试处,等候面试。前面五个人面试完后,听到喊我的名字,我便走进面试室。两个面试官都是我们这个行业的资深专家,他们看了我报名表的简历后便问了我两个问题,我回答之后,便离开了面试室。一个星期后,我接到了被批准为勘察行业评标专家的通知,就这样,我加入了行业专家的团队。

进入专家团队当然要为行业服务,我主要从事评标工作,一个月、两个月,一年、两年,一来二去,行业内的专家基本上都认识了,对行业内各个单位也都熟悉了,这对自己单位的业务拓展带来了一定的益处。

随着评标工作次数的增多,我对各个单位的标书优缺点基本上有了清晰的了解,这样在审阅自己单位的投标文件时,就可以吸取别人的长处,优化自己单位的投标文件,以确保标书不存在明显的缺陷。每个专家对勘察孔的布置都会存在不同的看法,对每个项目应重点考虑的问题也会有不同的见解,因此,听得多了,我也就知道了专家们评审投标文件时的关注点,从而用来指导本单位的标书编制工作,确保本单位编制的标书具有较高的技术水准。评标专家中有一部分是从事审图工作的,与他们熟悉之后,他们在审图过程中如发现问题,一般都会与我沟通,交流对问题的不同看法,在沟通中达成一致,避免意见回复时由于不同的理解而造成回复没有重点。

不同的管理部门会组建不同的专家库,但同一个人可以申报几个专家库,成为不同专家库的专家。后来,我又申报了另外两个专家库,这样,我评标的专业范围又增加了两个,每个月接到评标通知的信息也多了起来。但毕竟我自己的单位里还有很多工作要去完成,于是每个月不得不推掉部分评标工作。

我时常接到一些朋友或招标代理的邀请,去参加一些无须进场评标的项目。有时我也会接到评审工作邀请,对一些技术成果报告进行评审或做验收评审,在评审工作中所发现的别人的成果报告的优点和不足,对我自己的工作思路和技术路线也有极大的启发,从而可以用来指导改进公司的标准化建设,不断提高本公司的技术成果报告水平,也会为公司业务提供某种更加合理的技术路线,创造了良好的工作效率。

专家评标工作的实际意义在于帮助中标单位对方案进行优化,避免中标后由于方案欠缺而导致返工或造成损失,最终定标的决定权在建设单位手里,至于中标单位是否执行评审的优化意见,则由于缺少反馈制度就不得而知了。召开技术成果或专项方案评审工作会时,建设单位和成果或方案编制单位均到场参加,评审会上提出的意见会得到成果或方案编制单位的及时反馈和完善,因此评审工作的实际意义和作用更大。

无论是评标还是评审,专家们都必须按照通知上确定的时间和地点按时到达,如果时间是在上班的高峰时段,专家们就不得不经受路上拥挤或颠簸之苦,早上要很早出发。专家在获得微薄报酬的同时,更多的是为社会或行业做出贡献。

在行业内,一个单位如果没有几位较权威的专家,就很难坐到领头羊的位置。因而在传统行业里,大牌专家的多少也是单位实力的一种体现。无论是设计方案还是工程研究成果，大牌专家的技术水平一定要达到国内甚至国际先进水平。在我们这个传统行业，院士和勘察设计大师是专家们梦寐以求的头衔，因此每一次院士评选和勘察设计大师评选都十分引人关注。当然，学术造诣或工程领域前沿研究成果水平是必不可少的先天条件。

人的才能的发挥往往受到环境的制约和影响，也取决于人的内心世界。"是金子总会发光的"，这是一种积极向上的力量，而怀才不遇也是很多人的真实写照。有的人虽然在某些方面才能突出，但缺少与他人的良好沟通，缺乏发挥才能的基本要素，就如同植物缺少阳光、空气和水，即便有沃土也难以长成参天大树。因此，适应环境也是人们融入团队的前提条件。很多资源是大家共有的，在某个阶段某个环境下，它会帮助你茁壮成长，在另一个阶段另一个环境下，它也会帮助其他人快速发展。传统行业内的竞争至今仍停留在人脉资源的竞争，生产资源支配者常常要作平衡，以促进社会效益和经济效益相均衡。但毕竟还是存在许多因素来影响生产资源的分配，所以企业的发展也逃脱不了弱肉强食的规则。

企业的发展是靠多种资源共同支持的，上自国家方针政策，下至员工对企业文化和氛围的认同。对于传统行业来说，业务资源起着人体躯干的作用。因此，作为企业的一员，不仅要为企业赢得资源，更要想方设法为企业开拓新的资源，否则企业就会缺乏生机和动力，员工就会消极和失望，人才也会渐渐流失。

培养新生力量也是改变资源匮乏的一种有效途径。引进战略性资源人才、吸纳培养具有经营天赋或具有相关人脉资源的人员是培养新生力量的可靠方法。每一个新生力量都是不容忽视的企业发展推动力。随着新生力量的崛起，新的人脉也会给企业的发展带来勃勃生机，把原有的与新生的人脉进行良好的叠加，会使企业的营销业绩走上更加辉煌的高峰。

思想不落后是生命常青的源泉，行动不落后是立足时代的法宝，我们不能总是机械地工作，一切的知识积累都会为你将来的绽放和提升提供最充分的营养。科学没有顶峰，人类探索的脚步也永远不会停止。

岁月沉淀的是精华，青春无限延期，思考和奋斗也许会贯穿你的整个人生。

与年轻人一起成长

在前行的路上，我们会遇见很多人，也会经历很多事，我们自己的不懈努力和朋友的无私帮助都十分重要。在你看不清方向的时候，有人愿意给你指明方向，在你身陷泥沼的时候，有人愿意伸出援手，在你事业有成的时候，有人提醒你别掉入陷阱……一生中能够遇上这样的几个朋友，那才算得上真正的幸福。对朋友、对家人，我们都应该有一颗感恩的心，"常思己过，常思人恩"，也许这才是我们前行的最好动力。

如何看待年轻人，并不是今天才有的话题。年轻人充满朝气和活力，思维和行动都十分敏捷。当你看到球场上年轻人在飞奔跳跃的身影时，你会赞叹他们的身手矫捷；当你看到草坪上年轻人在旋转舒展的身姿时，你会羡慕他们的姿态优美；当你看到电脑前年轻人在敲打书写的神态时，你会认同他们的刻苦专注……这一切只是你的一种价值取向思维的体现。我们提倡积极、勤奋，追求向上、成功，世界总是在不断地变化，层出不穷和自我革新是当今世界的主旋律，懂与不懂、行与不行都是相对的。在一个系统中，也许你这样行，也许他那样行，比如过去的传统机械被人工智能机械所代替，但不管是传统的还是智能的，对其实现最终控制的还是人。在这个智能化的机械系统中，比如传动轴这些东西，老一辈可能更懂，至于模块程序，可能年轻人更懂，老一辈与年轻人在这个智能化系统中各尽所能，共同保障智能化机械系统的良好运行。

社会是一个复杂的体系，在这个体系里，永远不变的是新老更替，年老的都是从年轻的成长起来的。因此，如何处理好彼此的关系，是年轻人和年长者都应该慎重考虑的问题。这个问题恐怕有无数人思考过，我也常常思考这个问题。

认同感是与年轻人走到一起的基础。认同感体现在多个方面，其中文化认同是尤为重要的。在大的方面，文化认同体现在对制度的认同、对发展观的认同、对价值观的认同、对人生观的认同；在小的方面，体现在对观念的认同、对习性的认同、对处事方式的认同。不论是对待什么人，我们常常会有一个先入为主的想法，也常会从一个人那里去了解另一个人，因此很多人在未与他人正式接触了解之前就对这个人作了"定性"，等到一起共事或打交道的时候，偏见就在所难免,两个人的关系也很难在短时间内相处融洽。要避免这类现象的发生,作为领导者或有优势的一方,必须要有一个清醒的意识,千万不要轻易对人"定性",以免错失了一位可以重用的人才或值得信赖的朋友。我经常听到一些人在议论另外一些人,我始终坚持"兼听则明,偏听则暗"的原则,坚持用自己的眼睛去观察。一般情况下,我用人的原则是用人所长,确保团队中每个人都能发挥自己的优点,团队成员之间有不同的看法是很正常的事情,只要团队的指标和业绩都能完成,甚至达到优良,等到大家彼此熟悉之后,团队的融合就会越来越好,团队的战斗力也会越来越强。

抱着向年轻人学习的态度则是与年轻人长久友好相处的一大法宝。年长者可能在专业上比年轻人见识多一点,那是因为年长者出道早,接触的事情多,经历较为丰富。但社会环境在不断变化,知识在不断更新,从年轻人身上你会了解到很多不知道的信息,学习到许多还不是很熟悉的知识。记得有一次,我们有一个项目收集了大大小小几千条信息,并且按照招标文件及合同要求完成了该项目的所有工作,但业主突然打电话过来,说项目需要按新要求重新进行统计汇总和编制报告。业主给的时间只有两天,完全采用人工方式来处理的话,起码要六个人工作一周左右的时间。于是我把项目团队成员召集起来开会,讨论和部署这项工作,问大家能否编个小程序以便按照业主要求及时完成这项工作。其中有一个年轻的工程师说他可以试一试,没想到他花了几个小时就将程序编写出来了。有了这个程序,只用了两个人,花了短短三个多小时就将全部报表整理完毕,第二天我们便将新的报告出具给了业主。这个事例让我看到了年轻人身上的巨大能量，也感觉到团队中还是有人才的，只不过你还不了解他们。后来，我常常把团队成员召集在一起讨论分析问题，甚至邀请其他相关专业的人员参加，很多问题在年轻人的专业技术和才干的协助下轻松得到了解决，年轻人也在这种协作中获得了成长与喜悦。

不保守自己的专业技术与知识，积极向年轻人传授和交流，也是与年轻人共同成长的基本要素。一个单位要良性发展，往往需要大家一起共同完成各项任务，尤其是让年轻人快速成长和发挥作用十分重要。传统的岩土工程专业除了要有一定的理论基础，更重要的是善于积累和学习不同类型、不同专业的经验和技术。处理一个较为棘手的岩土工程问题或制定一个可行的完美方案，常常需要将不同专业的技术加以集成和应用。这里举个小案例，以说明技术积累与集成应用的重要性，也表明向年轻人传授技术知识的重要性。有一个水工建筑物产生了很大的倾斜，如果拆除重建，需要花费一笔很大的建设费用，且影响十分恶劣。业主找到了我，问我有没有办法将整个建筑物恢复原状及原有的使用功能，我给予了业主肯定的回答后，就召集组织了一个团队，准备设计构想一种特殊的方案。团队成员相对都比较年轻，对于解决这个棘手的问题感到非常困难，有人甚至提出放弃这个项目。但我考虑到这个项目的创新意义，便将我的总体思路和方案提出来和他们探讨，告诉他们在这个方案中要运用材料力学、结构力学、弹性力学、土力学、水力学、机械学等多种学科中的专业技术，采用整体顶升、止水维护、降水、基础加固及附属结构修复等多种工艺，并告诉他们说这个方案肯定能实现。在我的鼓励与引导下，团队里的年轻人士气大振，开始动手设计方案，计算各种工况下的受力条件，制作专用顶升装置。经过方案评审、施工，该水工建筑物恢复到了之前的功能，项目顺利通过了验收，并获得实用新型专利一项，创造了一定的社会效益和经济效益。

融入年轻人也是与他们一起成长的基本要素。一个团队要发展，首先要保证这个团队成员在攻克项目难关或完成项目时能够密切配合、不畏困难，这就需要大家能够彼此融入与关心。这种融入除了工作上相互配合与勇于担当外，工作之余的集体活动也非常重要。我经常组织团队在工作之余去旅游、聚餐或唱歌等，让团队成员得到放松和舒缓，也可以让他们彼此看到工作之外的另一面，从而加深相互之间的了解，使得大家在今后的工作中更加愿意替他人分担，工作业绩及个人能力也会在不知不觉中得到提升。

年轻人是我们成长的未来，也是我们发展的希望，与年轻人一起向前，彼此心心相印，就会找到幸福的源泉，就会收获成长的快乐，愿我们都在成长中拥抱年轻。

与年轻人一起成长，是我们共同的愿望，也是团队高效持续运行的一大法宝。手牵手、肩并肩地走在林荫大道上，这是春日里的图画，是夏日里的清凉，是秋日里的写意，是冬日里的暖阳。我为我能够与年轻人一起播种、一起耕耘、一起收获而感到骄傲和自豪。

第十一章

不懂生活的真谛

　　生活究竟该是怎样的色彩，生活又教会了我们什么？千万个人会有千万个答案。但不管用怎样的文字来描述生活对我们的给予，生活仍旧真真切切地存在。我们身边每天发生的故事，都是我们理解生活的体现，喜怒哀乐在人间不断上演，你曾静下心来仔细思考过生活的真谛吗？

怎样理解小情绪

大自然的洗礼让人类从一只猴子变成了世界食物链顶端的高级动物。人类运用自己的智慧在改变着这个世界,但人类却永远改变不了自己的七情六欲,因而我们的生活才会有哭有笑,热闹非凡。人类的日常生活正如人类自己创造出的戏剧一样,唱念做打一应俱全。

常言道:"智者千虑,必有一失;愚者千虑,必有一得。"人类的许多小情绪常常是自作聪明引起的。例如,经常有一类人对某件事或者某项技术不懂装懂,别人做事的时候他会在一旁指手画脚,遇到较真的人时,这个较真的人就会逼着这个指手画脚的人去做这件事情,结果当然是十分尴尬:自作聪明的自然不会干,结果是惹了干活的人生气,自己也会因出丑而生气。要克服这类不必要的小情绪,除了闭紧嘴巴外,还要多学多看多练,让自己成为相应行当的行家里手。

我们在日常工作中,也会遇到发小脾气的同仁,甚至领导发脾气的情况。这类小情绪的产生大致可以分为三类情况:第一类是缺乏对他人的理解,总觉得自己比别人干得多,总是觉得领导不公平,因而产生抱怨心理;第二类是自己工作能力及专业技术知识相对有限,无法解决和有效完成手头的工作任务,因而压力倍增引发小情绪;第三类是领导对下属工作情况不了解,只看表面现象,一旦未达到既定目标和要求,就会将下属痛骂一通,从而造成彼此都不愉快。以上三种小情绪往往给团队带来伤害，既影响团队的团结又影响团队的工作绩效，因而必须设法消除或降低这三类小情绪的发生率。针对第一类小情绪，当事人应端正心态，积极与他人沟通，不要禁锢在画地为牢的圈子里。部门领导应及时制定事项公开原则，让大家彼此了解所承担的任务，并制定一定的绩效奖励政策，按劳分配，确保人事机制相对公平，营造大家彼此关心和互帮互助的良好氛围。当事人要规避第二类小情绪的产生，就必须借助自身之外的力量。人不是生下来就会某种专业技能的，要通过后天的学习与不断改进才能掌握娴熟的技术，何况帮助他人也是人类一直追求的美德。敢于开口求助和愿意帮助他人同等重要，借助自身之外的力量积极完成某个任务或者某项工作，是社会发展到一定阶段的必然产物，分工与协作是人类传承已久的生产方式，现代人如果连这一点都做不到，那么人类社会恐怕就会走向衰落了。因此，我们要有一种敢于请教他人的特性，也要有一种乐于助人的精神，这样的人就很少会产生不良情绪，团队的战斗力和融合度也会在潜移默化中得到极大的提升。第三类小情绪主要来自领导的武断。"没有调查就没有发言权"，作为团队领导，应该积极关注团队各类建设的基本情况并给予团队必要的技术、生产资料、人员等方面的大力支持。成员在任务情况发生变化或其他因素而影响进度时应及时向领导反映，以便作出相应对策和调整，避免领导与成员之间不必要的误会。规避工作中的小情绪，最好的方法就是敞开胸怀、公开事项、沟通讨论、互帮互助。

生活不易，能够牵手到白头更不易。根据生物学家的分析，人们流泪、发发小脾气、运动、唱歌、跳舞等都有利于身心健康,实际上就是让压力得到释放,让不良情绪得到宣泄。正确看待和处理家庭生活中的小情绪,避免小情绪恶化成大情绪十分重要。有小情绪并不可怕,但让小情绪持续存在是很可怕的,因为长期存在的小情绪会导致人们对生活失去感觉和信心从而造成精神抑郁,也会发展成大情绪从而引发家庭离散或其他悲剧。

家庭成员中的每个人,除了待在家庭这个生活圈子,还有很大一部分时间是独立于家庭之外的,因此会有很多因素来引发小情绪,比如工作上的压力、生理上的反应、经济上的问题、养老上的问题、子女教育上的事情、招待客人的事宜,等等,都会引发小情绪。各种媒体一直在宣传和告诫我们,理解与包容是家庭成员之间相处的良方。可能每个人对"理解、包容"这两个词的解释会有所不同,我的理解就是"懂得退让"。人在情绪恶化的时候,任何争辩和解释恐怕都是多余的,甚至会激发小情绪恶化成大情绪,避其锋芒是唯一正确的选择。家庭成员之间究竟是谁该选择退让呢?也许大家的答案不尽相同,但我认为,思想更深邃、胸怀更宽广的成员肯定会首先选择退让。因为在选择退让的人的脑子里,家庭成员的亲情显得更加重要,他会把家庭的长久发展和稳定始终放在第一位考虑。也许有人会说选择退让的人性格比较软弱,其实不然,因为有些事情去争论子丑寅卯毫无益处,只会对家庭成员造成彼此伤害。争吵之后冷静思考,也许每个人都会懂得这个道理,但争个输赢的现象在所难免,所以,我们对懂得退让的那个人应该给予真诚的称赞。

父母的小情绪会影响未成年孩子的情绪,这是无法回避的问题。

一辈子不产生小情绪，从不发生小争吵的夫妻，在一万个家庭里恐怕也很难找到一对。如何避免长辈的争吵给孩子们带来负面影响，不同家庭的处理方式肯定会有所不同。但不论采取何种方式，都必须要让孩子明白，父母亲的小情绪不是因为不爱这个家了，而是为了把这个家建设得更好，也不是不喜欢孩子了，而是一直都很喜欢孩子。明白了这一点，孩子会懂得，父母亲的小情绪也就是小情绪而已，过了那个时刻，一切都会更加美好。当然，需要家庭讨论的事情也别忘记尽量让孩子参与，这对孩子的成长和人格培养也会有所帮助。

避免小情绪的一个比较好的方法，就是自己找乐子，比如养养花草、唱唱歌、听听音乐、讲讲笑话、看看电影、健身、户外运动、远足旅游等，这些都有助于消除我们长期以来积累的疲惫和压力，也会丰富我们的生活。人一辈子到底能干些什么，无论伟大还是平凡，在我们活着的时候凡事都不应该看得太重，顺其自然而又不失奋进，也许才是千百年来人类追寻的意境。没有小情绪不符合自然规律，小情绪太多或发展得太猛又会影响我们的生活质量。理解小情绪的本质，让小情绪永远只是生活的调味剂，也许才是对小情绪的最好把握。

磨炼是一首歌

从牙牙学语开始，我们就在与这个世界不断沟通和交流。有人类的地方就有千千万万个引人入胜或者让人唏嘘的故事，有成长的喜悦，有成功的喜庆，有跌倒的伤痛，有出发的坚强……自信从来就没有离开过我们的内心，经历过磨炼之后是从容和坦然。

还记得你小时候上学读书的场景吗？做家庭作业或课外作业对小孩子来说应该算得上是一种磨炼了，但磨炼也随着时代的步伐在发展。现在，写作业就不仅仅是对小孩子的一种磨炼了，对于家长来说更是一种磨炼。如何让孩子的学习变得有趣味，如何在磨炼中汲取营养，对此，思考得更多的应该是老师和家长了。同样的课程内容，有的老师的讲解就能让学生兴趣浓厚，有的家长就能找到方法让孩子自愿完成作业，在这样的老师和家长的共同努力和指导下，孩子们越来越喜欢这门课程，学习也就变得非常轻松和快乐了。

让孩子们学习变得轻松，让孩子们有对待游戏一样的劲头去对待学习，这是一门极其深厚的学问。我觉得这门学问的关键在于理解孩子们的身心特征。与成人相比，孩子们来到这个世界的时间比较短，对这个世界的认知还不完善，由于大脑及其他身体器官等发育还不完善，所以难以像成人一样承担社会责任。此外，成长期的孩子对于这个世界的一切都有很强的好奇心，爱玩、爱研究、爱游戏是他们的天性。理解了孩子们的这些基本身心特征，采取针对性的方法让他们由被动学习变成主动学习就十分重要了。我们时常看到某学校或某家长培养了多少孩子上名校的报道或故事，其实这些学校或家长只不过是采取了更适合孩子学习知识的方法。培养孩子其实就是在考验老师和家长的耐心与智慧。然而毋庸置疑，我们中的大多数遇到不愿学习的孩子却只会用言语来伤害他们，很少长时间有耐心去和孩子沟通，去帮助孩子获得一种良好的学习方法，从而让孩子改变不愿学习的状况。我不否认我也是这样的家长中的一员，对于孩子的学习，我属于低智商的一类人。

　　孩子的成绩好坏是每个家长都关注的焦点。比起关注孩子的学习，关注孩子的身心健康显得更加重要。学习优秀并不完全代表孩子走上社会后的综合能力高，也不代表孩子的身心就非常健康。每个孩子的心里都住着自己的"神"，他们总会去羡慕别的孩子的快乐，就像成人一样，总会羡慕他人的生活，这恐怕是人类很难逃脱的生存法则。正因为如此，在孩子长大成人的过程中，家长绝对要担负起保障孩子身心健康的重任。这种担当的磨炼是必须要勇于接受的，也是十分值得的，培养好下一代是人类的基本使命。孩子在成长过程中能够得到父母的关爱是十分开心和幸福的事情，尽管孩子对父母的管教会有抵触情绪，但对大多数孩子来说也仅仅是抵触而已，真的离开父母的关爱，他们心里还是很不快乐的。有的孩子可能会经历丧亲之痛，恐怕这算是人生中一种极大的磨炼或者磨难。

　　等到我们长大成人，我们依然会经历各种磨炼，人生旅途也许就是不断磨炼的行程。每一个刚刚踏入社会的青年总会比较率真，也会把有些事情看得比较淡，对一件事的评价或处理会按照自己的角度去进行，似乎比较少考虑其他人的感受，因此也就会造成对他人的影响。久而久之，由于与大众原则相左而造成与身边的人渐行渐远。要想挽回这种尴尬的局面，及时反思和改正自己的行为和意识十分重要，因而与人共事也是一种很好的磨炼。不给自己添堵，不给他人添愁，也许是经过这种磨炼后的感悟和总结。

孔子曰"三思而后行"，该怎样处理一件事是非常有讲究的。小时候我听说过一个关于明朝皇帝朱元璋与其小时候伙伴之间的故事。朱元璋和伙伴们年幼的时候常常吃不饱，于是他们就经常相约去偷地里的豌豆，将偷来的豌豆放在瓦罐里煮熟，再你一口我一口地将豌豆吃光。等到朱元璋后来当了皇帝，其中有两个小伙伴找上门来想求个一官半职。第一个小伙伴当着一众大臣的面，讲述了小时候和朱元璋一起偷吃豌豆的事，然后说，你看我们俩从小光屁股长大，您怎么也得照顾我一下，在家乡给我安排个官职。朱元璋一听，勃然大怒，破口大骂说哪有这回事，我根本就不认识你，让侍卫将这个人拖下去斩立决。过了些日子，另外一个伙伴也找上门来，在朱元璋面前侃侃而谈："想当年，你我顶烈日，一同攻打豌豆城，水淹兵营，火烧城门，放掉了水先生，捉到了豆将军，此役吾因伤而休养，今伤愈前来，以贺天子登基之喜，祝吾皇万岁万万岁。"朱元璋一听，龙心大悦，便赏赐给了这个人县令之职，以及绫罗绸缎、金银器件等物品。后一个人的高明之处在于他将一个并不美好的故事讲得十分高大上，哄得朱元璋十分开心，不用将来意说明，自然也会得到朱元璋的封赏。

我们在日常工作或生活中，会经历许多大大小小的失败，有的会婚姻破裂，有的会投资失败，有的会职称晋升受阻，有的会失恋，有的会失去工作，等等。对于这些挫折，我们中绝大多数人都会挺过去，随着时间的推移，这些挫折和失败会如梦如烟，从我们的心灵深处渐渐飘去，即使偶尔想起来，也会成为我们引以为傲的阅历，"不以得喜，不以失悲"。在经历这些挫折和失败后，"想要忘记你真的很难"也就变成了"想要忘记你真的不难"。

当你背着行囊，独自漫步在无人沙漠里的时候，风沙肆虐吹打你的脸庞，你却依然坚毅前行，那是因为你早已把磨炼当作一种自我洗礼。人生的阅历就是一幅长长的画卷，在画卷里，有群山巍峨，有万水奔流，有白雾茫茫，也有绿草苍苍；在画卷里，有海阔天空，有百花争艳，有秋果累累，也有风雨雷电。我们之所以呐喊，是因为我们心里有一种渴望；我们之所以哭泣，是因为我们的心灵有一种期盼；我们之所以微笑，是因为我们的心中有一种美好。所有的这一切，都在向世界大声宣告，我们经得起种种磨炼。

我们在不断的重复中学会了坦荡，我们在一个个挫折中学会了总结，我们在长久的积累中找到了灵感，我们就这样在磨炼中成长，成长为你想要的模样，也成长为自己喜欢的模样。星辰大海，日月时空，都在见证我们的磨炼，也在见证我们一次次磨炼后的成长。磨炼有着悠扬的旋律，磨炼是我们心中的乐章。

压力算什么

无论你拥有多少财富,也无论你在别人眼里是多么富有或生活是多么幸福,你还是感觉到有一些压力,甚至这些压力会引起你对身边的人发脾气。这些压力到底来自哪里?为什么会产生这些压力?或许我们从未真正地思考过。

有人说所有的压力都来自外部。比如,单位领导给你布置了一个看来难以完成的任务,妻子嫌你赚的钱比别人少,老人怪你不常回家吃饭,孩子的学习比其他孩子差,下属把事情做砸了,等等。从表面上看,这些压力正如你自己所想象的那样都来自外部,其实我们从未认真地对产生这些压力的原因进行分析,甚至连产生压力的机理及其作用都没有弄清楚。

我们不妨先来看一看压力到底是个什么东西,它又是如何对人产生作用的。人脑在接收外部信息或来自人体本身的信息后,会按照信息的提示去思考,或去做某些事情,或去解决某些问题。在此过程中,常会受到自己的知识、技能、时间、空间、环境等的局限而失去可能完成的目标,由此而产生压力感,从而造成焦虑、抑郁等不良情绪。从上述压力产生的过程来看,外部因素只是一个诱因,内因则是人本身具备了形成压力的机制和组织。决定是否有压力的关键是人的思想和身体反应,即使没有外部传导的因素,人本身也会由于其各种机能变化而产生压力,从而导致情绪波动。可以这样说,每个人都无法规避压力感。

人们既然无法规避压力感，那我们何不正视来自内外的压力，了解一下压力感的表现有哪些？有人说愤怒发脾气、悲伤哭泣、沉默寡言、愁眉苦脸等是人有压力的表现。其实不然。放声歌唱、开怀大笑、蹦蹦跳跳也是有压力的表现。凡是与人类情感有关的喜怒哀乐都可以看作是人们产生了压力的表现，因为所有这些略显夸张的表现，究其根本来说都是一种压力的释放形式。生活在错综复杂的人际关系和社会环境中，我们每天都会接收来自内外的各类信息，但人们的世界观、人生观、价值观并不相同，因此彼此认同的思想就难以完全一致，行为也就千差万别。有的人喜欢独自清闲，有的人喜爱一起热闹，有人爱好音乐，有人喜欢画画，这些都可以间接反映出人们的情操和处世价值观。正是这些不同的价值观造成了人们彼此思想的碰撞，由此产生认同、喜欢、憎恶、埋怨、攀比等反应，于是自然会导致人们压力感的产生。身体疾病也常会导致产生压力，某些人可以轻松应对，但对于另外一些人来说却难以应付，由此便有了各种行为表现。

我们仔细观察就会发现，有一类人特别喜欢请人到KTV去唱歌，而且常常要当麦霸。其实这不仅是一种娱乐爱好，也可能是一种压力宣泄方式。体育运动甚至看电视、上网、读书、画画、练书法、跳舞等也都可以理解为一种宣泄无聊所带来的压力。有的人得病后整天唉声叹气，久而久之身体状况越来越差，有的人却能笑对疾病，积极配合治疗并锻炼身体，渐渐地身体恢复了健康。可见压力宣泄的方式十分重要。选择一些较为恰当的爱好不仅能释放压力，还能增强自己的文化修养和身体素质，而选择一种错误的压力宣泄方式，就可能会伤害自己的身体，甚至得到更糟的结果。

解决外部压力，除了找到一种合适的宣泄方式外，最重要的是要与他人保持良好的沟通和交流。比如针对某一问题，你自己能力有限而无法在规定的期限内解决，此时找别人进行沟通交流就显得尤为重要。与分派任务的人沟通也许会获得更长一点的期限，与有经验和技术的专家沟通，也许会得到一种解决问题的技术方案，与同事沟通交流，也许会启发灵感和思路，这些都有可能帮助你有效地解决问题。

压力无时无刻不在，思想上不要惧怕压力的来临，行动上要化解来自各方的压力，你的学习、工作和生活才会井井有条和多姿多彩。工作时就努力工作，以最短的时间把工作做到最好；休息时就踏实休息，以最快的时间酣然入睡或养精蓄锐；学习时就集中精力，以最好的状态饱读诗书或科技专著。能够做到这些的人，想必在排除压力方面也有其独到之处，来一场酣畅淋漓的球赛，或是放歌一曲云天外，抑或徜徉在花丛林海，把所有的压力抛到九天之外。压力是时间的宠儿，压力也是去了又来的调皮鬼，我们既要时刻准备迎接压力的来临，又要不断武装自己将压力赶跑。人生也许就是在不断与压力做斗争的节奏中延续，人生也许就在与压力打交道中得到升华。

压力是一把双刃剑，既可以将人击垮，也可以让人奋起，不在压力中成长就会在压力下灭亡。昂首挺胸，深深地呼吸，吐故纳新，思想上与时俱进，行动上生龙活虎，只有这样，压力才会成为我们坚定前行的动力，压力才会是浮云，压力才会是我们行进道路上的风景线。没有压力的人生根本就不存在，愿我们都能迎着压力的风，翱翔在岁月的长空。

有一点彷徨

生活给予我们无限可能，生活也让我们不断做出选择，我们的每次选择虽然充满未知，但总都是充满期待和美好。

走着走着，就走到了一个十字路口，往左拐、往右拐还是直行，我们的选择不尽相同。也许你会说大部分人的选择都是在经历了大脑深度考虑之后所作出的决定，那么是否存在被大势所迫而走向某个方向的情况呢？也许在你的人生每个阶段，都会存在那么一两次的选择是大势所趋的结果。

20世纪80年代的家乡，还是一贫如洗，改变贫穷落后的面貌不仅是大人们的梦想，也是少年和青年的追求。考上大学，学习先进的科学文化知识从而改变家庭的命运，是那个时代年轻人最广泛的道路选择。我也跟着这种思潮在努力奔跑，因为我要改变我的命运，我想让家庭衣食无忧，我想让家人能够看得起病、住得起房、上得起学、能够吃上肉。皇天不负有心人，跟随时代洪流前行终究是不会错的，我如愿以偿地读了大学，找到了一份工作。拿着91元的基本工资，年底还要给家里带回几百元的钱款，在今天恐怕很多人都不敢想象，但这就是那个时代的印记。我也常常思考未来的路该怎么走,留在体制内还是走出体制另谋出路,平生第一次真正思考自己的人生和命运。毕竟这有点艰难,就这样徘徊着、彷徨着,走过了一年半的时光,终于寻得了一种办法,既不用脱离体制又可以多赚些钱,那就是停薪留职去闯外面的世界。停薪留职也许对于我这样的人来说是再适合不过了,既省却了父母及家人的担忧,又为自己找到了一条全新的奋斗之路,终于我依靠这样的政策改善了家庭条件,也在摸爬滚打中学得了一些技术和知识,为自己人生的未来发展确定了雏形。

单纯的慢世界里藏有过于刻板的教条,复杂的快世界里有着无法安放的灵魂,教条主义和投机主义都不是最好的生活方式,心高气傲或低声下气也不应成为一个成熟男人或女人应有的标志。如何去除浮躁,压制那容易让你冲动的魅影,不同的人会有不同的选择。这种选择并无高下之分,适合自己的才是最好的,但不论何种方法,其核心都应该是平心静气地与自己相处。做到了这一点,你的无谓追求才会减少,你与这个纷繁的世界才会和美相伴。

生活在这个美丽的地球村,每个人都会被自身"磁场"之外的"他场"所包围,你的每个举动都会在这个环境中产生效应,彼此如何认定也会在这个巨大的感应场中相吸或相斥,从而让你不断地走到感应场的十字路口,前后徘徊或是左右彷徨便成了成长的常态。这并不可怕,人生有那么一点彷徨是非常必要的,也是再正常不过的。这种彷徨让你变得更加坚毅和睿智,无论走到哪里,你都会因为曾经的这种彷徨,而有最为清晰的选择、最为明确的方向。

这山望着那山高本无可厚非,但真正的登山者绝不会轻易做出仓促的决定。无论是这山还是那山，都会有其独特的环境和特点，是改变自己还是改变环境，是想从这山走到那山的人们必须面对的现实，适者生存是相对比较低的要求，更好的发展也许才是想走到那山的人们最初的愿望。大千世界，从刚毕业踏入社会的新人到职场老手，无不经历过抉择的彷徨，这一方面与个人的经历和心智有关，另一方面则是与周围的环境因素息息相关。一个学生如果遇到了一个好的导师，那么他的成长也许会很快，他可以在很短的时间里学到别人要花很长时间才能琢磨出来的东西，因为这位导师甘为人梯，让学生踩在自己的肩上向上攀登。相反，一个刚踏入职场的年轻人遇到一个刁钻刻薄又小肚鸡肠的领导，后者不仅不会传授你从业之道，反而会处处打压你的创意和创新。等到你有能力走出他的团队，你的思想也许受到了一定的毒害，在那山上你还得花很大精力去调整自己的心态、去修行自己的灵魂。由此可见，周边环境因素对你的成长有多么重要，要想减少环境所带来的伤害，在关键时刻最好不要彷徨，从内部进攻还是另谋高就都是突破困境的良好选择。

我们或许都听说过这样一个故事，说有两个人都要赶往同一个目的地，他们要花费两个小时通过一条乡间土路才能到达目的地，其中一人备有雨伞和胶鞋，另外一人则没有。出发的时候突然下起大雨，没有带伞和胶鞋的人就寻了一处人家躲避风雨，带了雨伞和胶鞋的人则穿好胶鞋撑起雨伞一路前行，等到达目的地时，他的身上沾满了泥水。大雨下了近一个小时终于停了，没有带伞和胶鞋的人又等了半个小时才出发，他一路小心翼翼，避开泥泞之处，等到他到达目的地时，身上几乎很少沾到泥水。从这个故事里我们到底学到了什么？故事原本是想告诉我们，有着伞和胶鞋的人仗着自己的装备优势而不懂趋利避害，最终弄得自己灰头土脸，而既没伞又没胶鞋的人则懂得趋利避害，最终也到达了目的地且落得一身干净。诚然，懂得趋利避害是一种处世哲学，但就这个故事而言，我们既不要因此而否定顶风冒雨前行的人，也不要否定那个避雨之后再行走的人，因为他们两个人的选择都没有错。伞和胶鞋就是帮助行走在路上的人们能够遮挡风雨，冒雨前行的人充分发挥了伞和胶鞋的用处，虽然弄了一身泥水，但也是功德圆满顺利抵达了目的地。避雨后再行走的人则充分考虑了环境因素可能给自己带来的伤害，虽然晚一点抵达目的地，但是避免了无伞行走的风雨侵袭。最关键的是他们都目标清晰，行动坚决，就这一点来说，他们都值得我们学习。

在做任何决策时，充分考虑环境因素及事情的预期后果，是一个有思想灵魂的人应该遵循的原则。不顾后果并给他人造成巨大伤害的行为和想法都是较为可怕的。追求大多数人的幸福理应比追求个人利益更加重要，追求美好的生活是每个人的权利，但美好生活不是以牺牲公共利益为代价的。在一个有机整体里有效贡献自己的劳动和智慧，是一个和谐社会应该具有的特征，也是一个文明社会中的每个人应当具有的素质。追求的思想境界也是随着时空变化而改变的。一个人投资开办企业，起初的目的是为了多赚些钱财，但随着企业规模的扩大、职工人数的增加，其社会效益也就逐步增加。在社会大家庭中，每个正能量的企业都在为社会的稳定和发展奉献着力量。同样，我们在企业中工作，一方面在为自己的小家庭创造财富，另一方面也在为社会的前进和稳定贡献自己的绵薄之力。企业和员工是无法分割的有机体，企业主和员工的利益彼此相辅相成，理解了这一点，无论企业主还是员工，都会对工作充满热情，都会对生活充满激情。

有人曾经做过测试，让一个人将挂在墙上的亲人照片一张张撕掉，代表着亲人一个个离开了他，看他最愿意谁留在最后。大部分人都是先撕掉自己父母的照片，又含着泪撕掉自己孩子的照片，最后撕掉的才是自己丈夫或者妻子的照片。这种测试是非常残忍和无情的，当一个个亲人的照片被自己亲手撕掉，一个个亲人相继离开了自己，这种痛苦和焦虑是多么可怕。因此，我们的日常生活中经受一点挫折，拥有一点彷徨，与看着亲人在眼前一个个离去相比，算是非常幸福的事情了。

不要因为经受一点挫折而埋怨，不要因为工作不满意而苦恼，不要因为父母的一句唠叨而激愤，不要因为领导的一句批评而不平。沐风栉雨努力前行，跨过彷徨的十字路口，引吭高歌，朝着理想的山峰攀登再攀登，你会感受到拼搏的快乐，你会享受到陪伴的美丽，生活从来不会让幸福缺席！

自信的奥秘

拥有战略家合纵连横之谋略，拥有军事家运筹帷幄之气势，拥有思想家化阴阳于万物之气血，拥有科学家穷究自然秘密之气魄，这是不是每个人的梦想，我不敢妄断。或许在我们每个人的心里，都会有成为大家名流的渴望，但现实也告诉我们，成为大家的毕竟少之又少，最实际的应该就是拥有自信，过好自己的每一天。

年轻人总是意气风发，走路都会蹦蹦跳跳，说话都会哈哈大笑。这种青春气息时常会感染周围的人，大家似乎都跟着拥有了这种活跃和萌动。这种气息源自哪里？你是否曾私下问过自己？其实这是一种自信的体现，这种自信源自成长的荷尔蒙，也来自对世界的探寻和对生命的热爱。正因为他们觉得世界无限美好，生活多姿多彩，他们才会把内心的追寻迸发在灵动的身体之上，也因为有了这份热情，他们才会迎着太阳奔跑，顶着风雨前行，无论遇到了什么困难和阻碍，他们都会笑着克服和跨越，青春才会如此动人。这种青春的自信无论在贫穷年代还是在富裕年代都会存在，也无论在哪个国家都会存在。早在1942年，诗人何其芳就写下了现代诗《我为少男少女们歌唱》，我们不妨一起来重温一下。

我为少男少女们歌唱

我为少男少女们歌唱。

我歌唱早晨，

我歌唱希望，

我歌唱那些属于未来的事物，

我歌唱正在生长的力量。

> 我的歌呵，
> 你飞吧，
> 飞到年轻人的心中
> 去找你停留的地方。
> 所有使我像草一样颤抖过的
> 快乐或者好的思想，
> 都变成声音
> 飞到四面八方去吧，
> 不管它像一阵微风
> 或者一片阳光。
> 轻轻地从我琴弦上
> 失掉了成年的忧伤，
> 我重新变得年轻了，
> 我的血流得很快，
> 对于生活我又充满了梦想，充满了希望。

是的，青春多么美好，青春又是多么令人难忘，自信的青春让我们拥有了快乐的希望。

如果说青春的自信让人奋勇向前，那么成年后的自信则会令人意气风发，一个充满自信的人不仅言谈举止力量超强，眼神里也满是希望和喜悦。这样的自信会让周围的人心生勇闯天涯的信念，也会让周围的人充满攀上高峰的信心。如果一个单位拥有这样一群充满自信的团队，那么这个单位的发展就会势如破竹，又如同江河之水奔流向前日夜不息。

　　成年人的自信和力量又源自哪里？你的答案也许比我的更完美。在我看来，成年人的自信主要来自对美好的追求、知识的学习和技术的积累。人们总是渴望成长和成功，成长是永恒的，成功只是阶段性的和暂时的。一个人取得一点成绩之后，为此而感到高兴或兴奋的时间很短，过了这个短暂的时刻，他又会去思考新的业绩或新的增长。人们思想上的内生动力就会绵延不绝，这种由内向外的能量就会不断爆发，追求更加美好的意愿就会表现在言谈举止之中，自信的场能就会笼罩周围。对自然奥秘的不断探索是人类的永恒主题，也是人们好奇心释放的最佳战场。要想解决或者搞清楚某个问题和事项，对于自己缺乏的知识和技术就得通过学习来掌握。随着不断地学习，人们自身的知识越来越渊博，技术越来越精湛，在回答某个问题或解决某个技术难题时，由于有了丰富的学识或者高深的技术作为支撑，这些问题就会迎刃而解，从而这个人的自信心就会更加强大，也会坚持不断学习和思考。这样的良性循环不仅会让他们全身都充满了自信，也会让他们脸上写满了幸福。

　　自信并不是夸夸其谈，而是一种源自实力的底气。自信的人不仅能做事，而且能够在关键时刻起到中流砥柱的作用。自信的团队不仅有蓬勃的朝气，而且敢于开创先河，突破一个又一个艰难险阻。如攀登者那样，他们有着战胜困难的坚定信心，有着勇攀高峰的坚强信念，有着视死如归的英雄气概，有着勇往直前的无畏精神。仔细观察，在我们的身边就有着一群这样的人，他们孜孜不倦地渴求知识，他们不辞辛劳地开展业务，他们废寝忘食地忙着工作，他们甘为人梯支持他人。也许你从表面上看并没有觉得他们有多自信，其实你错了，在紧要关头，这些人起到了不可估量的作用。正是由于他们的存在，一份份订单接踵而至，一个个问题化为乌有，一项项技术领先于世。也正是有着这样一群实力雄厚又兢兢业业的人，国家才会发展，人民生活才会富裕安康。这样的人绝对是一群涵养深厚的人，一群自信的人，令人景仰。

自信是一种精神，自信是一种实力，自信是一盏明灯。这盏明灯点亮了自己，也会照耀他人。愿我们都做一盏自信的明灯。

拥抱蔚蓝的天空

来也匆匆，去也匆匆，就这样风雨兼程。无论我们遇见了对的人，还是相逢了错的人，生活都会告诉我们，那只是我们人生驿站里的一则故事或者一首诗篇。

四季轮替让我们看到了多姿多彩的景色，物竞天择让我们认识了危机四伏的世界。当一个幼小的生命来到这个世界的时候，父母亲总会想方设法让他健康地长大，无论外面有多大的危险，父母亲都无所畏惧。这种无所畏惧源自父母亲对孩子的真爱。"真爱无敌"，也许是人类对这种伟大的亲情给予的最好评价。父母的关爱让孩子们健康成长。但孩子们终究会长大，终究会拥有自己的思想，终究要承担起生命的重任，也终究要用一生去理解和实现生命的价值。

狮子为了活下去苦练捕猎的技巧，鹿儿为了不被狮子吃掉而拼命地奔跑，动物世界里每个生命都在顽强地拼搏，人类世世代代亦是如此，你不劳动和付出就不会获得好的生活，你不富强就会受到他人的侵略。人类之所以能够成为这个蓝色星球的主宰，并不在于人类会不会使用工具，而是因为人类有着无穷无尽的深邃思想。正是由于有了这种思想，人类才会不断发明新技术，才会不断制造出新设备，让这个世界按人类的需求去发展。

人类思想无限多元，这使得人类在不断探索和改变世界的同时，也在不断地自我总结，伟大的思想得以传承，并不断地涌现出新思潮，历史的车轮也在这种思考中滚滚向前。如果没有创造，就不会有语言的产生，也就不会有文字的出现，这个世界的一切便会变得暗淡无光，失去美好。秋天的枫叶如果没有语言和文字的赞美，它也就是一株株僵硬的树木上毫无生机的叶子而已；夏天的炎热、冬天的严寒、春日的温暖以及秋日的清凉，如果离开了语言和文字，也就是一种实实在在的体感，不会再有那么多的诗情画意。这个世界美丽多姿，还有一个重要的原因，就是每个人都会独立思考，有着自己的思想。不同个体的思想相互碰撞迸发出灿烂的火花，不同思想在碰撞中推动着个体的行进，也推动着组织的生成和运转。我们就在这种碰撞中不断调整自我，不断表达自我，以达到与大世界的融合，直至生命终结。

不同的思想观念和认同融合度会真真切切地引发各种情绪。我们之所以会有烦恼，不一定因为你有多高的目标，而是你想要达到的目标得不到别人的有力支持，或者是你的目标和别人的目标产生了冲突，比如你制定了一个团队的发展目标，但由于内外各种原因而使得该目标偏差较大，你会由此产生困惑。其实我们产生烦恼非常正常，关键是不能让这种困惑、烦恼、生气等情绪不断升温。实际上，你想开了之后一切便不是问题，目标没有实现就重新调整目标，如此这般，一切的苦恼便会烟消云散，你的生活会变得更加恬淡怡然，万物都在和你相视而笑。

我们每个人在生命旅程中总会遇到各种各样的生产和生活环境，是主动适应环境还是努力改变环境，始终是人们要思考的问题。有些人在加入一个新团队后很快就能与其他成员良好地分工协作，有些人则需要长达数年甚至更长的时间来融入团队。在当今社会，跳槽是人们不断逃离与重新选择的一种方式，跳槽除了因为经济利益，便是环境的原因了。跳槽或多或少都与环境有关。人们都有自己的价值观，如果在某个环境下价值观得不到认同，在经济利益的驱动下，他便会脱离原来的生产生活环境。其实经济利益也是环境因素的一种，比如经营不佳、分配不公等。跳槽的人总是在不断地为自己寻求更大更好的发展空间，但这种空间是否真正适合你，还是要看你能不能在新环境中创造出价值。所以，到了一个新的团队，最重要的还是要努力为这个团队创造出新的价值；团队强了，个体才会得到发展，才会有更多的资本去追求更大的幸福。

"排他"和"利他"是两种截然相反的用人之道，或者说，团队成员之间共事的思想。"排他"现象在我们的日常团队工作中普遍存在，这种思想常常会造成团队成员之间的不和睦，在完成任务方面常常会造成工作难以开展，在团队成员之间造成重重矛盾。这种

"排他"的想法最好不要有，这种观念往往还会造成个人思想狭隘，思路狭窄，长此以往，既不利己也不利人。"利他"思想则是在考虑事情和问题时，首先站在别人的角度设身处地地予以思考，进而结合自己的想法，形成一套互利共赢的协作方案。这种思想往往给每个团队成员创造安全感和成就感，继而极大地提升团队的凝聚力和战斗力。我们要大力提倡"利他"思想，因为"利他"在无形中也会给自己带来最为实在和可靠的成长。

热情、热心待人，是人与人之间良好相处的法宝之一。社会是一个庞大而又复杂的机构，如果大家都扮着一副冷漠的面孔，则人类恐怕永远也不会发展和进步。我们日常团队工作中热情和热心显得尤为重要，当一个人遇到难题的时候，冷漠视之与热情相助，会让团队走向完全相反的方向，冷漠视之最终会令团队走向分崩离析，热情相助则会促使团队迈向和谐壮大的美好前程。

蓝天与白云总是相处得特别和谐，蓝天甘愿做白云飘动的背景，白云则努力把蓝天装饰得无比美丽。我们抬头望向天空时，总会情不自禁地赞美天空的蓝，也会情不自禁地赞叹白云的风姿绰约。愿我们都像蓝天和白云一样相帮相衬，书写出一个精彩的人生；愿我们都能张开宽广的胸怀，拥抱蔚蓝的天空。

图书在版编目(CIP)数据

一滴长河水 / 王永东著 . —上海：文汇出版社，
2021.3
ISBN 978-7-5496-3285-5

Ⅰ.①一… Ⅱ.①王… Ⅲ.①纪实文学-中国-当代
Ⅳ.① I25

中国版本图书馆 CIP 数据核字（2020）第 272324 号

一滴长河水

著　　者　王永东
责任编辑　徐曙蕾
装帧设计　高静芳

出版发行　　文匯出版社
　　　　　上海市威海路 755 号
　　　　　（邮政编码 200041）

照　　排　南京理工出版信息技术有限公司
印刷装订　上海颛辉印刷厂有限公司
版　　次　2021 年 3 月第 1 版
印　　次　2021 年 3 月第 1 次印刷
开　　本　890×1240　1/32
字　　数　190 千
印　　张　9

ISBN 978-7-5496-3285-5
定　　价　58.00 元